ブレイクスルー

魂の夜明け

陰陽の統合

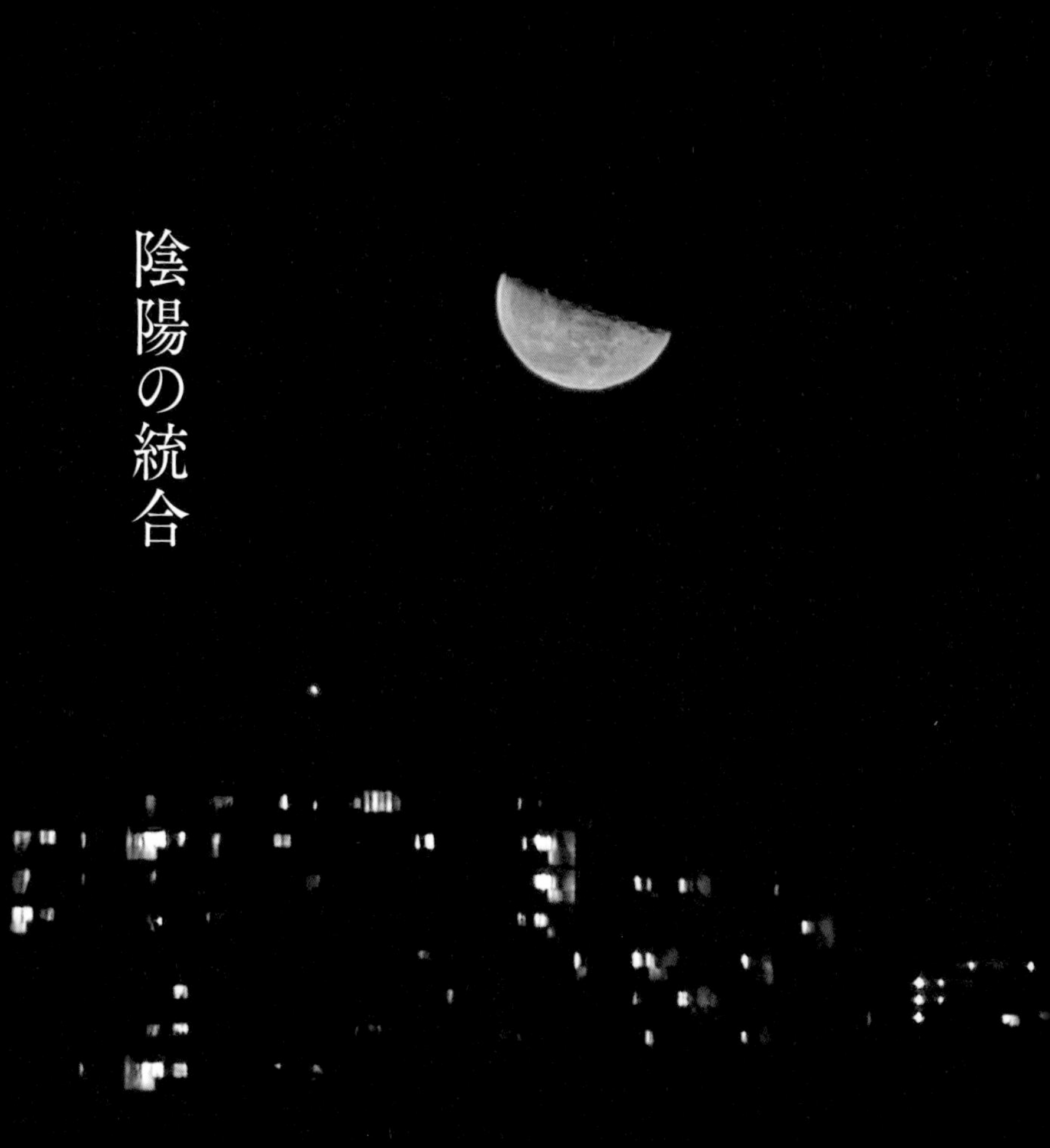

あなたはいつも
見守られている

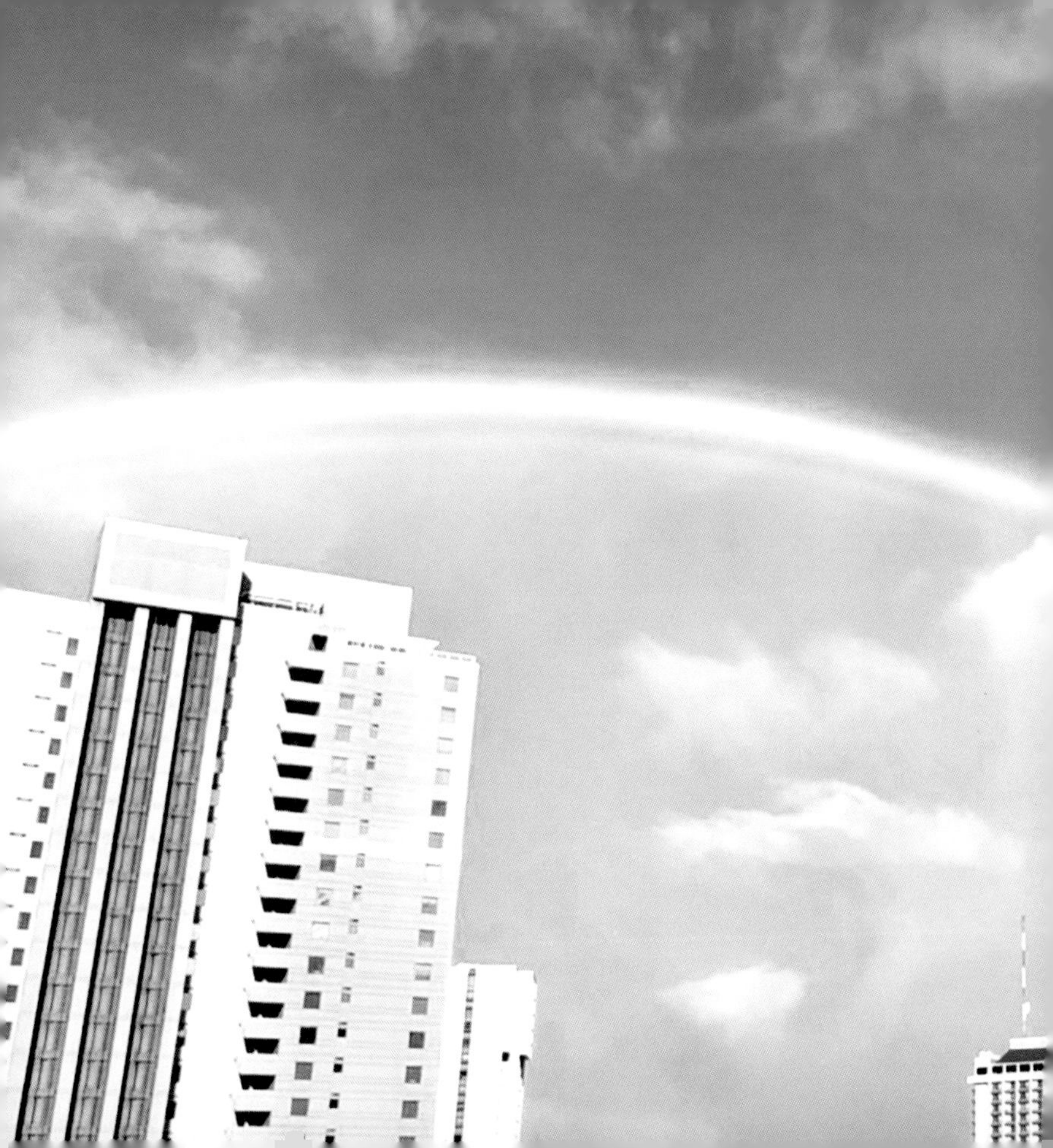

自由自在

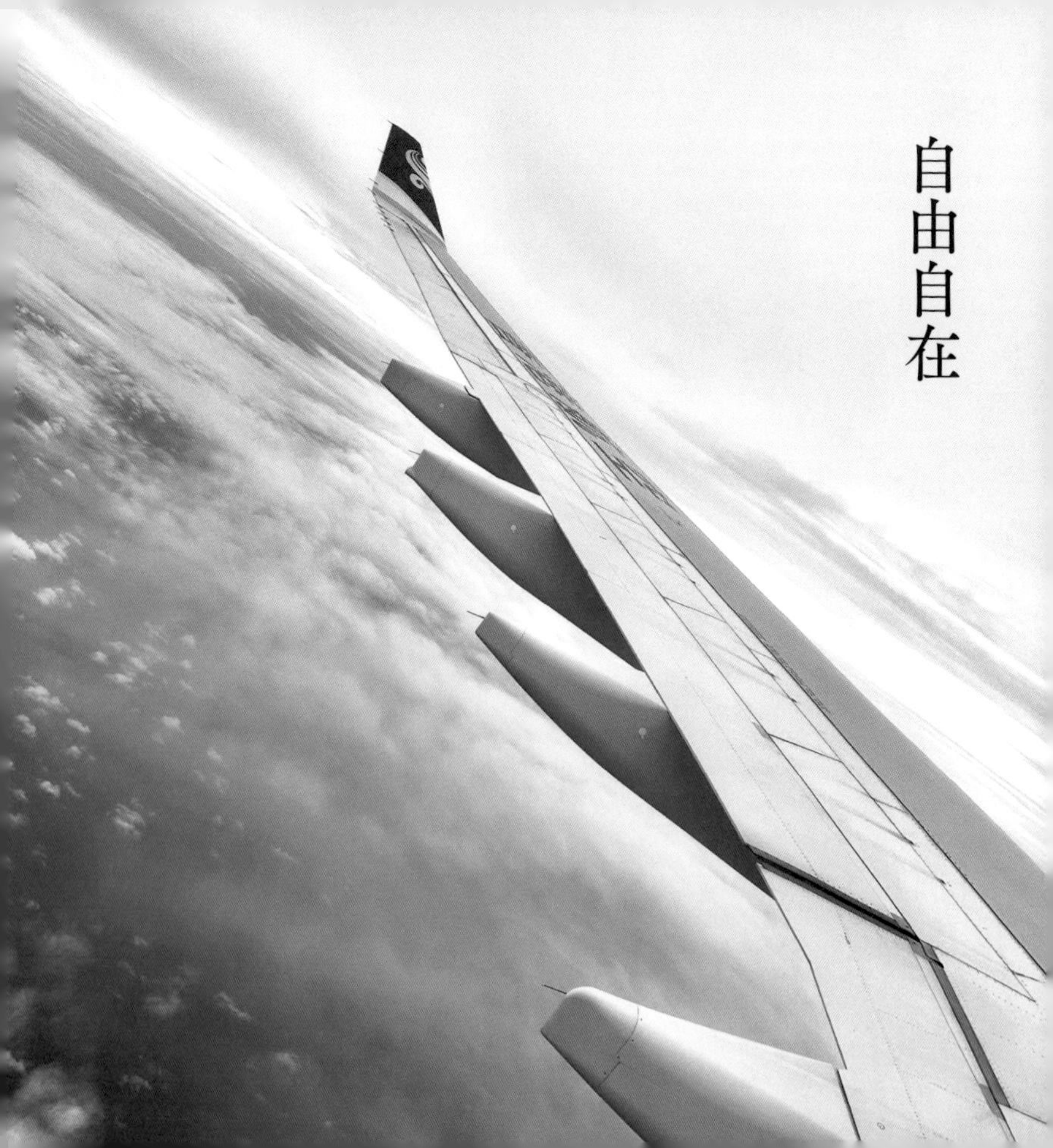

今この瞬間

悠久の美

凛とした眼差し

宇宙の叡智を学ぶ

いざ、まだ見ぬ空の彼方へ！

無条件の愛

源《みなもと》とのつながりを憶い出す

次元上昇する「魔法の意識」の使い方

How to Tap into
Magical Awareness
for Your Ascension

111

並木良和

KADOKAWA

はじめに

宇宙の流れと同調し、自分史上、最高の自分を生きよう！

こんにちは。並木良和です。いよいよ愛と調和のエネルギーに満ちた「新しい地球」への本格的シフトがスタートしましたね。

２０２１年の冬至に、肉体を持ったまま「新しい地球」へ次元上昇するスタートとなる「目醒め」を選んだ僕たちは、２０２２年から２０２５年にかけて「古い地球」と「新しい地球」の分岐が加速する中、本気も本気で自分と向き合う最終段階に入っています。

その間は、「いつまで続くの？」と言いたくなるくらい、次々とネガティブな出来事を体験するかもしれませんが、すべては素晴らしい世界に生まれ変わるために起こります。これは言わば、シフトアップする前の最後の膿出し期間です。この数年間は、すべての出来事を「新しい地球」への扉にして、「想像を超えた人生の高みへと飛翔し続けるタイミング」なのですね。

そして、順調に進めば、２０２８年には、僕たちは「新しい地球」に降り立ったことを明確に感じられるでしょう。

言い換えれば、今僕たちは、魂が決めてきた「最高の人生のストーリー」を生きる自分になるための準備期間の真っ最中です！

この準備をスムーズに進めるためにはどうしたらいいか。それには、今にも増して「意識」の在り方、持ち方が重要になってきます。

２０２２年の『次元上昇する魔法の言葉１１１』では、意識的に言葉を使うこと、２０２３年の『次元上昇する魔法の習慣１１１』では、意識的に行動することをメインに上梓させていただきました。

3冊目の今作は、前2作を踏まえた上で、無意識に生きるのではなく、すべてに対して「意識的に生きる」ことにフォーカスしています。「意識的に生きる」とは、シンプルに言えば、「どこまでも丁寧に、細部にまで意識を行き渡らせる」という意味です。それがあなたの中に落とし込まれると、意識はまるで魔法だと感じるようになるでしょう。意識の使い方一つで、奇跡が日常となり、真実の自分を表現しながら、思い通りの人生を生きられるようになるのです。

それは、旧人類的な意識から完全に抜けて、銀河人類へシフトするための「宇宙意識の使い方」と繋がっています。

魔法のような宇宙意識を使うには、意識を宇宙規模に拡大していく必要があります。とはいえ、宇宙意識は、僕たちの本質であるハイヤーセルフの意識とイコールです。つまり、それを思い出せばいいだけなのですね。でも、僕たちは長い間、古い地球で「眠りの意識」に馴染みに馴染んできたため、それをすっかり忘れてしまっています。なので、眠りの時代に溜め込んできた潜在意識にはびこる思い込みや慣習やカルマを手放して「統合」する必要があります。

そして、ハイヤーセルフと一つになり、高い視点から出来事を俯瞰したり、研ぎ澄まされた直感力や拡大した認識力などを使いながら行動することが早急に求められています。それこそが、宇宙との共同創造であり、言い方を換えれば、宇宙意識としての自分を思い出し、銀河人類へと目を醒ますことになるからです。

今、僕たちは、本当の意味で人生の主人公になって、生きたい人生を生きる千載一遇のチャンスを得ています。にもかかわらず、目に映る混沌とした世界につい呑み込まれ、自分の中で使っている常識やモノの見方や考え方を、本当の意味で手放せなかったり、自分軸を見失って他人軸になったりと、眠りの時代の生き方に戻ってしまうようなことも、じつは起きています。いかなる混乱の波にのまれそうになっても、魂の望む道へと軌道修正して、常に自分と一致した在り方をすることが、今はとても重要です。

意識はすべての源です。僕たち一人ひとりの意識（周波数）の反映が現実として結晶化されます。「何となく」生きるのではなく、あなたが本当に望む方向、向かう先へ常に意識を向け続けてください。この本は、目を醒まそうとするあなたの「意識的な生き方」をサポートし、創造性や可能性の幅を格段に広げてくれるものとなるはずです。そして、あらゆる争い（眠り）を超えて、真に調和した世界で、自分史上、「最高の自分」を生きましょう。

並木良和

本書の使い方

この本は、あなたとあなた本来の高次元の意識である
「ハイヤーセルフ」を直接結びつけ、
今のあなたに最適なメッセージを受け取ることができます。
受け取ったメッセージを意識し、行動に変えることで、
あなたの魂が望む本来の道へと軌道修正され、自分を信頼して、
本当の自分と深く一致しながら前に進むことができます。
心を落ち着かせて、訊きたいことを、素直に、ありのままに意図してください。

「○○について、導きをください」

そう唱えて、パッとページを開いてみましょう。
質問とページの内容が噛み合っていないとしても、
そこに「答え」はあります。
ハイヤーセルフの導きは、あなたの表層的な意識を透かして、
あなたの潜在意識が抱く問題を反映するからです。
次から次に困難さが起きて、迷ってしまうようなときや、
「目醒め」のプロセスを「ちゃんと進めているか」と自信を持てないようなときも、
自分のハイヤーセルフに訊ねてみましょう。

1 テーマ

自分が「宇宙意識そのものである」と思い出し、銀河人類へとシフトするために必要な12のテーマです。アイコンからどのテーマの内容に属するかを知ることができます。各テーマについては、次のページで解説しています。

宇宙のルール

自分の内側に意識を向けている？

「自分は創造主である」という意識を持とう

外に向けていた「意識」を100%自分の内側に向けた瞬間、周囲のすべては消えてしまいます。

そして自分の宇宙意識と繋がり、そこからすべての人の意識と繋がり、他者との分離感が消え、「あの人、この人」という区別をする意識がなくなり、外の世界から影響を受けなくなり、自分の意識次第で現実はどうにでもなることがよくわかってきます。それが目醒めていく人の意識の在り方です。

こういう意識を持つ人と、宇宙は本当の意味で共同創造します。なぜなら、「自分の意識で現実をクリエイトできる」。つまり、「自分は創造主だ」という意識は、宇宙と一致するからです。そのとき、「自分が動くと、宇宙が動く」という共同創造が起こるのです。

2 意識を軌道修正するためのポイント

今体験している現実は、これまでの意識の反映です。つまり、「今ここ」の意識の使い方次第で、新しい流れを創り出すことができます。そのためのクエスチョンです。

3 キーワード

メインメッセージの核となる言葉です。今のあなたには、どのような意識の持ち方、使い方、在り方が必要か、知ることができます。

4 メインメッセージ

ハイヤーセルフからのメッセージです。このメッセージを読みながら感じる「内なる声」、脳裏に浮かぶイメージや、好奇心、気づきを捉えていくと、あなたの可能性はさらに広がります。

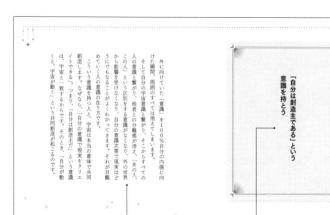

テーマについて

波動を強くする

僕たちの本質は意識であり、意識は波動を放っています。波動を高く、強く保てると現実にもポジティブな変化をもたらします。

関連ワード…具現化、豊かさ、上昇気流に乗る、ニュートラル

本質を表す

本質を表すとは、あなた本来の完全性が姿を表すことを意味しています。古い地球で使ってきた信念や観念に反応し、一喜一憂する在り方から抜け出すことです。

関連ワード…真の自由、感情を選ぶ、現実に翻弄されない

これからの浄化

重たい波動を手放すことも浄化であり、重要ですが、それと同時に、肉体をクリアに保ち、新しい地球に移行する準備をすることにも意識を向けてみましょう。

関連ワード…環境の浄化、情報の取捨選択、疲れない肉体

サインを受け取る

高次からのサインは、あなたが「こうしたい」と思ったときに、それをスムーズに押し進めてくれる情報です。それを活かすことは、「最高の自分」に繋がる近道です。

関連ワード…数字の羅列、天体の影響、高次元と繋がる

ハイヤーセルフと一体化

今、人類はどんどんハイヤーセルフ化しています。ハイヤーセルフと一体化すると、その視点から自分を見ることができ、手放すべきものが瞬時にわかり、目醒めが加速します。

関連ワード…波動が上がる、リラックス、100の位置

宇宙との関わりを強化

宇宙や宇宙種族に向けて意識をオープンにすることは、宇宙と同調し、繋がりを強化して、自分の中の無限の可能性や叡智にアクセスすることに繋がります。

関連ワード…高次の存在、想像を超える、認識力、感性

宇宙意識へと意識を拡大していくために大切な事柄をピックアップしています。

常識を手放す

常識を手放すと「こうあらねば」という“強いる”エネルギーから解放され、魂がイキイキし始めます。一見、正しいと感じることこそ、自分に問い直しましょう。

関連ワード…集合意識、二極の意識、抵抗波動、普通という概念

アップデート

「自分は常にアップデートしている」という意識を持つことは、あらゆる領域でエネルギーが活性化し、不要な障害や困難さを乗り越えるパワーになります。

関連ワード…エネルギーの活性化、細胞の活性化、真の健康力、ご先祖

タイムラインの変え方

タイムラインは、可能性の領域の一つです。具現化に深く関わり、願望は、それが「ある」タイムラインを自分が選んでいればこそ、叶います。

関連ワード…具現化、パラレルワールド、執着を手放す、自分軸

統合のトラップ

目醒めの道を進んでいるつもりで、逆行してしまう罠にハマっていませんか。ズレに気づき、自分を本当の幸せに導くために、しっかりと軌道修正をかけましょう。

関連ワード…依存、眠りの支配、外向きの意識、分離、エゴ

地球と調和

地球人の僕たちにとって、5次元に移行中の地球に同調することは、最もスムーズな次元上昇になります。本当の自分に一致し、軽やかに心地よく変化の波に乗ることです。

関連ワード…循環、愛、感謝、動植物、精霊（エレメント）

宇宙のルール

宇宙には「与えたものを受け取る」という絶対的な法則があります。つまり、幸せになりたければ、先に幸せを感じることです。自分が物事にどんな意味を与えているか意識的になりましょう。

関連ワード…最適化、宇宙に任せる、充足、意味づけ

ズレたらすぐ戻ろう！

ハイヤーセルフと繋がる光の柱のワーク

上昇気流のうねりが立ち昇る今、「本当の自分」と一致していることは、何より大切です。「本当の自分」と一致しているとき、僕たちは、「源—ハイヤーセルフ—自分」が一直線上にアラインメントされている「光の柱」の中にいます。その状態は、イライラも不安も疲れも感じません。つまり、あなたが日常でイラッ、ムカッと思った瞬間や、悩んで悶々としているときは必ず光の柱からズレています。それらを察知したら、すぐに「光の柱」へテレポートして、自分軸に戻ることを意識しましょう。

光の柱は、
統合で言う
「100の位置」
です。

本質と一致すると
エネルギーが
チャージされます。

1 「光の柱」を見つける

ネガティブな周波数を使っていると気づいたら、イメージで、プラチナシルバーフィールドに立ち、宇宙空間を見上げます。きょろきょろ周りを見まわして、光の柱を見つけましょう。

2 「光の柱に戻る」と意図してテレポート

光の柱を見つけたら、「光の柱に戻る」と意図すると一瞬で戻ります。「源—ハイヤーセルフ—自分」と降ろされる光のシャワーを浴びながら深呼吸します。習慣にすると、このニュートラルな意識がナチュラルになります。

瞬間瞬間「手放し」しよう

ネガティブな感情を手放せば手放すほど、あなたは自分と一致して生きることができ、目醒めが加速します。瞬間瞬間「手放し」するくらい「手放し」が板についてくると、あなたの波動はどんどん軽やかに、自由になり、幸せを感じる時間が増えていくでしょう。

1

ネガティブな感情を「認める」

たとえば、「ムカつく」と感じたら、「ムカつくよね」と自分の中に「ムカムカ」する感情があったことを認めます。その「ムカムカ」を鉄のようにずっしりと重たい塊として自分の中に「ある」とイメージします。

2

塊を「磁石の手」で引きずり出す

自分の両手が強力な磁石になったつもりで、その塊に手を当てます。すると、塊はその両手にガチーンとくっつきます。
くっついたなと思ったら、両手を前に伸ばすようにして、体内からズルズルと塊を引きずり出します。

3

手放して、深呼吸する

塊を宇宙に放ちます。塊は細かい粒子になって、勢いよく吸い込まれます。吸い込まれた粒子は、宇宙がニュートラルな黄金の光のエネルギーにして戻してくれます。それを全身で浴びながら深呼吸します。

「こひしたふわよ」を人生のナビにする！
Special Messageについて

111の「宇宙意識の使い方」の中には、僕が提唱している「こひしたふわよ」の7つのスペシャルメッセージが含まれています。

「こひしたふわよ」は、宇宙意識の在り方そのものであり、宇宙からのサインの中核とも言えます。つまり、「本当の自分」として生きるための人生のナビゲーションシステムであり、羅針盤、コンパスの役割を果たします。

「こひしたふわよ」の意味

こ … 心地よい
ひ … 惹かれる
し … しっくりくる
た … 楽しい
ふ … 腑に落ちる
わ … ワクワクする
よ … 喜びを感じる

意識が眠っているうちは、「こひしたふわよ」の感情に従っていても、「人生は思い通りにいかない」と疑ってしまうこともあるかもしれません。しかしそれは、宇宙意識である「本当の自分」を忘れてしまっているからです。

本来、僕たちは楽しむために生きています。しかし、現実というイリュージョンに突っ込んで、その楽しみ方すら忘れてしまうのです。それを取り戻すためには、「こひしたふわよ」を意識的に使えばいいのですね。この「簡単さ」を受け入れると、僕たちは直感やインスピレーションを取り戻し、想像を超えた人生のステージへと流れが加速します。

Departure to the New Humanity

宇宙意識へ還り、銀河人類へシフトしよう

111

ハイヤーセルフと一体化

エゴとの繋がりにとどまっていない？

ハイヤーセルフの意識で
生きることこそが、
目を醒まして生きること

通常、ハイヤーセルフは自分を取り巻くように存在しています。そこからハイヤーセルフの意識の一部が自分に繋がっていて、目を醒ますにつれ、いつも自分が使っている自我の意識がハイヤーセルフに向けて、拡大していきます。つまり、ハイヤーセルフとの一体化が始まり、波動が上がるのです。それがハイヤーセルフをグラウンディングさせ、ハイヤーセルフそのものとして、目を醒まして生きるということです。つまり、エゴが使う重たい周波数を手放さずにいると、エゴとの繋がりに留まってしまいます。

あなたが「重い」と感じるのは、ハイヤーセルフである自分の本来の「軽さ」を知っているからです。自分の内側に意識を向け、自分の中の低いバイブレーションをひたすら手放すことは、その要の作業です。

アップデート

チャクラのバランスを意識している？

チャクラが詰まると、
人生そのものが詰まりを起こす。
チャクラは全体を整えて活性化しよう

人体に存在するチャクラには、目に見える世界と目に見えない世界とのエネルギーをやりとりする役割があります。なので、チャクラが詰まると、人生そのものが詰まりを起こしてしまいます。反対に、全体がバランスよく活性化すると、進化のプロセスもスムーズになります。

七つのチャクラ（頭頂部、眉間、喉、心臓、みぞおち、丹田、骨盤の底）を意識して、上から一つずつ浄化する方法を習慣にしてみましょう。

①プラチナシルバーのフィールドに立ち、宇宙空間が広がる自分の上空に、源の光をイメージします。

②源の光から身体をすっぽり覆う純白の光の柱を降ろし、深呼吸をしながら丸い球のチャクラが下から一つずつ浄化されて、最後に全身ぴかぴかのクリスタルのように透明になるさまを視覚化します。

本質を表す

自分の「ジャッジ」に気づいている?

どんな「思い」も否定せず、
受け止めてみよう。
それに対するジャッジを、
ただ手放すだけ

移行の時期は、本質の光への移行を促すエネルギーがパワフルに作用しています。そのため、「こんな感情や思いがあったのか！」とビックリするようなものが出てきたり、「もう完了した」と感じていた過去の出来事が再燃したり、「なぜこんなことが！」ということが起きがちです。

そのとき一番大切なのは、それらを否定しないことです。たとえば、誰かに対して「消えてしまえばいい」という思いが出てきたとき、「そんなことを思っちゃいけない」などと、否定しないでください。出てきた思いや感情を、ただ観察するようにしてみましょう。目を醒ますとは、自分の内にある闇をも認め、受け入れること。それに対するジャッジを手放して初めて僕たちは、「本質の光」に向けて上昇を開始します。

統合のトラップ

源の光に意識を向けている？

「大嫌い」と思う人も物事も、
自分と同じ源の光で
できていることを受け入れる

「関係がうまくいかない。嫌いな人なのに縁がなかなか切れない」と思う人間関係はありませんか。

自分が大嫌いと思う人も物事も、本質的にはすべて自分と同じ源の光でできています。それを受け入れているでしょうか。嫌いな人と我慢して付き合う必要はもちろんありませんが、嫌いだからと切り離すのも目醒めには繋がりません。

自分や好きな人だけが光で構成されていて、嫌いな人は闇と見るのは、「光VS闇」という分離の意識を使っているだけで、本質の光へと目醒めているわけではありません。まずは、大嫌いな人も、自分と同じ源の光でできていると認めることが大切です。それが腑に落ちてようやく、波長が合う仲間や、魂の繋がりのある相手と巡り合えたり、真の調和へと繋がります。

制限の意識を使っていない？

「制限」のない意識で生きる、
とてつもない「自由さ」を
想像してみよう

銀河人類とは「人生を優雅に、易々と、自由自在に、望む通りに生きる」ことができる人たちです。しかし、僕たちの意識は、ありとあらゆる制限を体験するために地球にやってきました。「男だから、女だから」「もう時間がないから」「何でも思い通りになるわけがない」……。今もって潜在意識レベルには、キリがないほど多くの制限が刻まれています。それを使い続けるのも自由ですが、制限が何一つない、今現在「望むものを、望む通りに創り出すことができる」自分を想像してみてください。

あなた自身の本来の姿であるハイヤーセルフへと繋がっていくと、地球上の意識ではなく、「宇宙意識」で物事を捉えることができるようになります。そして、これまでわからなかった「制限のない世界」を感じられるようになるのです。

「めんどうくさい」に一致した行動をしていない？

最初の発露のイメージ通りに動く習慣をつけて、波動を強くしよう

「おいしいコーヒーが飲みたい」と思ったとき、ちゃんとコーヒー豆を挽いて、丁寧にドリップして淹れてみようと思ったとしますね。でも、「めんどうだから」とインスタントコーヒーにしたとします。そんなふうに、「めんどうだから」と、最初の思いやイメージとは別の行動をとってしまう……。よくあることかもしれませんが、これをしていると波動はなかなか強くなっていきません。

結局、最初の発露の「おいしいコーヒーが飲みたい」とはズレた、自分の中の「めんどうくさい」に一致した行動をとっているからです。

日常的な些細なことを疎かにせず、自分が最初にイメージした通りに、意識的に動くことがとても大切です。その積み重ねが、波動を強くしていきます。

食事に感謝の意識を向けている？

クリシュナ神の浄化力によって波動を高めた食事で、肉体の周波数を調整しよう

次元上昇に伴い、意識のみならず、僕たちの肉体の周波数も徐々に調整されていきます。

僕はいつも、食べたいものを少量、感謝していただくことを推奨していますが、意識的に食事をすることは、新しい地球に身体が同調していくためにも大切です。ヒンドゥー教の神、クリシュナは、浄化や覚醒の力を持ち、普段の食事の波動を上げて、ネガティブな影響を最小限に抑えるサポートをしてくれます。

食事をする前に、クリシュナを思い浮かべて、「この食事はあなたへの供物です」と、食事を捧げる意識を持つと、クリアリング（浄化）が起こります。

クリシュナのパワフルな浄化力によって波動を高めた食事を感謝していただくことで、そのピュアなエネルギーを取り込めるでしょう。

ハイヤーセルフと一体化

抵抗波動と闘っていない？

「やめたいのに、やめられない」。
葛藤は、
自分を満たして執着を手放す

暴飲暴食、夜ふかし、喫煙……。あなたは「やめたいのに、やめられない」と葛藤を抱えることはありますか。でも、食べたいのに、「これを食べたら太る」などと考える必要はありません。むしろ、「私はこれが好きなんだ」とポジティブに受け入れることが大切です。「やめたいのに、やめられない」と思う葛藤から抵抗波動は生まれ、手放したいと思っても逆に手放しづらくなってしまいます。だから余計に執着してしまうのです。

「私はこれが大好き！　本当においしいな。食べることができて、とても幸せ」と感謝の気持ちで受け入れてみてください。満たされた感覚になり、たくさん食べなくても「もう十分」と思えたり、執着が外れてピタッと欲しがらなくなるなど、スムーズに手放すことができるでしょう。

統合のトラップ

人の口車に乗せられていない？

人は誰しもが、
自分にとっての最善を生きている

現実というスクリーンに突っ込んでいく。要するにフォーカスをズームインするのが「眠り」であり、現実を客観視して、ズームアウトしていくのが「目醒め」です。たとえば、目の前に「統合」を知らない人がいて「やればいいのに」と思うのは「眠り」の意識です。統合が進み視点が上がってくると、同じ人を見ても「そういう人もいる」としか思わなくなります。その人がどう見えようとも、「その人にとっての最善を生きている」とナチュラルに思えるのです。逆もまた然り。人から何を言われようとも、どこ吹く風でいられます。もし誰かの発言にカチンときて、現実に突っ込みそうになったら、心の中で「あなたの中ではね」と言ってみてください。フォーカスをズームアウトしてニュートラルな意識に戻るコツです。

本質を表す

真実に目を向けている？

直感力と洞察力を高めて、
隠されていた真実を見抜こう

いわゆる霊能力というものには、基本的に、霊視・霊聴・霊感・霊知の四つがありますが、本来誰にでも備わった能力であり特別なものではありません。それらを開発するのもいいのですが、これから銀河人類として成長する上で大切なのは、最も本質に基づく能力である直感力と洞察力です。なぜなら、本質より重要なものはないからです。

直感力と洞察力は、ズバッと本質がわかる能力を指します。「知り得る力」である霊知に近い能力とも言えますが、相手の本性を見抜いたり、嘘や隠しごとがすぐにわかったりと、見たり聞いたりする以上のことを捉える高度な能力です。

日々、直感力と洞察力を意識するようにしてみてください。表面的な事柄ではなく、その裏に隠されている真実が見抜けるようになるでしょう。

宇宙からの課題にチャレンジしている？

**何度も体験する嫌な出来事は、
それを完全に終わりにするための
宇宙からの「お試し」**

繰り返しやってくるシチュエーションというのは、宇宙からのサインであり、課題です。

たとえば、「人から傷つくようなことを言われた。でも言い返したらめんどうなことになりそうだから、いつも気にしないふりをしている」とします。

何度もやってくるのは、まだそこに学びがあるからです。言い方を換えれば、学びを得て、そのシチュエーションを完全に終わりにするための宇宙からの「お試し」です。本気で終わりにしたいのであれば、「この経験は、私に何を気づけと言っているのかな？」と客観的に捉えて、出てくる現実に対する反応の仕方を変えていくことです。

このケースでは、自分が傷ついたことをちゃんと相手に伝えることができると、人間関係の流れがポジティブに変化するでしょう。

「地球からの卒業」を意識している？

あなたが行きたい未来、
住みたい地球を、
ありありとイメージしよう

僕たちの多くがこの地球にやってきた真の目的は、「自分バージョンの地上の天国」を創り出し、十分に遊んだ後、感謝して肉体を離れ、今回限りで地球を卒業することです。つまり、今をどう過ごすかで、この先が決まっていくという大切な移行期間を誰もが迎えています。

肉体を持つ、今しかできないこともたくさんありますね。自分がこれからどうしたいのか？　どんな人たちと一緒に過ごしたいのか？　どんな仕事をしたいのか？　明確なビジョンがありますか？　そして、あなたが行きたい未来、住みたい地球は、どのようなものでしょうか？

個人の願望に留まらない、地球全体に影響する思い、まさに一人ひとりの選択が今、大きなタイムラインのシフトを起こすタイミングを迎えています。

統合のトラップ

「波動が先、現実は後」を忘れていない？

現実をよくするための「統合」は、
現実を力ずくでコントロールしようと
していることに他ならず、
「眠り」の意識を深めるだけ

統合を進める中で、「ワクワクに従ったのに、何でこんな結果になっちゃったんだろう?」「ネガティブを手放したはずなのに、何でこんな現実が続くのか」と感じていたりしませんか。

その感覚こそ目を醒ますための統合ではなく、現実をよくするための統合にすり替わっている証拠です。眠りの世界から目を醒ませば、苦しみより、穏やかさや楽しいという体感が増え、自然と現実は好転します。でもそれは目醒めにチャンネルが合った統合だから起こることです。

現実をよくするための統合は、現実というスクリーンに焦点を合わせているため、眠りに引き戻されます。スクリーンに突っ込んで現実を何とか作り替えようとしていることに他ならないのです。この巧妙な罠を見破り、真の統合を進めましょう。

「今」を疎かにしない生き方をしている?

僕たちの魂は
「死んで終わり」ではない。
「死」は新たなスタートであり、
さらなる魂の成長のための祝福

僕たちにとって「死」は暗く悲しいものであり、葬式では静かに冥福を祈ることが常識になっています。でもそれは宇宙では適用されない概念です。

宇宙から観れば「死」は単に肉体を脱ぐだけで、悲観的な要素は一切ないどころか、むしろ、魂＝意識が自由に気持ちよく拡大する感覚そのものです。

言い方を換えると、僕たちはアップデートするために死ぬとも言えます。その感覚が腑に落ちると、死はさらなる魂の成長のための祝福として受け入れられるでしょう。「〝死んで終わり〟ではないなら、死は悲しむものではないかも」と一人ひとりが死の概念を書き換えると、これまでの凝り固まったネガティブな死のイメージが揺らぎ始めます。それは僕たちが制限から解放されていくためにも重要なことです。

Special Message

「喜び」を手放し、「本当の喜びそのもの」として存在する

今日は、「こひしたふわよ」の「よ・喜びを感じる」に向き合ってみましょう。あなたは、自分が〝喜び〟そのものの存在であることを理解していますか？　今までは、自分が望んでいる結果が出ると喜んでいたかもしれませんが、その喜びの気持ちも手放していくと、魂からの真の喜びがやってきます。

それは、「誰がいるから」「何が起きたから」という外の出来事とは一切関係がない喜びです。ただ、自分が「喜びそのものの存在」であることを感得していきます。自分が「喜びそのものの存在」でいると、高い視点から、自分のいろいろな可能性が観えてきます。それは「ああなれたら幸せ」というようなものではなく、壁に見えたものを扉として開き、もう一つ上のステージに上がっていく感覚であり充足感に満ちた喜びなのです。

統合のトラップ

優越感に浸っていない？

無価値観をベースにした
「目醒めごっこ」をしていると、
無価値観を活性化してしまう

「目を醒まそうとしている人は〝上〟で、「眠ったままの人は〝下〟」という位置づけをしていませんか。なぜそう思うかと言えば、その多くは、「古い地球」の優劣の競争の中で勝ち上がれなかった自分の無価値観を埋めようとするからです。

たとえば、あなたとの競争に勝って気分よくしている相手に対し、「勝ち負けにこだわるなんて、眠りそのものね」といった捉え方で溜飲を下げているとしたら、無価値観をベースにした目醒めごっこをしているばかりか、自分の中の無価値観を活性化していることに気づいてください。自分を見下したあの人も、自分が嫌悪感を抱くあの人も、すべてを水に流し、自分の価値は自分で決めましょう。それが真の「目醒め」へ進む道です。

サインを受け取る

占いや運勢に自分を合わせていない？

天体からのどんな情報も
宇宙のサイン。
自分でプラスに「意味づけ」して
使いこなそう

天体は絶えず動いていて、地球に住む僕たちは、そのエネルギーを知っていようといまいと、必ず影響を受けています。

たとえば、占星術の世界では、「水星が逆行すると、交通の乱れや電子機器のトラブルが発生しやすい」などと聞くことがあります。一見、マイナスの情報のように思うかもしれませんが、それも宇宙のサインの一つと捉えて、自分が望む流れに変えてしまえば、プラスになります。電子機器が壊れると困るのであれば、メンテナンスをすることで、今より使いこなすスキルを得られるかもしれません。

自分が受け取る情報、それ自体に善し悪しはなく、「左右される」のも、「プラスになる使い方をする」のも、自分で決めることができるのです。

常識を手放す

自分の可能性にチャレンジしてる?

「勝負」の意識を超えると、
その人の本質の光が溢れ出す

スポーツは、相手と闘い、勝ち負けを決め、それにみんなが一喜一憂するという二元性の一つの象徴です。

現在は、勝つことが「よいこと」とみなされていますが、その形態もゆくゆくは変わっていくでしょう。順位づけをすることの意味が薄れ、相手に勝つよりも、自分の可能性にチャレンジすることに重きが置かれるようになります。

「勝負に勝つという目標があるからこそ面白い」と思うかもしれませんが、自分を極めることに集中し、勝ち負けへの執着が消えると、選手は自身のベストの力が出せるようになります。

言い換えれば、その人の本質の光がプレイを通して溢れ出すのです。そのまばゆいばかりの本質の光を目の当たりにした観客は、勝ち負けを超えた次元で、心からゲームを楽しむことになるでしょう。

呼吸が浅くなっていない？

呼吸でエネルギーの流れを整えて、意識のバランスを保とう

混沌とした流れの中で自分のバランスを保つには、呼吸による簡単な「自己ヒーリング」を日常のメンテナンスとして行うとよいでしょう。

真っ白い光の粒子のプラーナ（生命エネルギー）が空間いっぱい満ちているのをイメージします。

①鼻から4秒かけて息を吸います（足裏からプラーナを吸い込むイメージ）

②頭の上まで息を吸い切ります（プラーナも全身を通って頭へ上がっていくイメージ）

③口から4秒かけて息を吐きます（頭↓両肩↓両手の先へエネルギーが流れていくイメージ）

④身体の不調を感じる部分に手を当てます（患部にエネルギーを流すイメージ）

家族やペットに手を当てるときは、各部位を両手でサンドイッチ（挟むように）すると効果的です。

ハイヤーセルフと一体化

「100の位置」に立って「統合」している?

現実のスクリーンに
突っ込んでいるときは、
後ろに下がって、
居心地のよい
「100の位置」へ戻ろう

もし「ちゃんと統合ができているかしら」と疑問に思ったら、「自分は常に〝100の位置〟に立って統合しているか」見直してみましょう。「100の位置」とは、ハイヤーセルフと最も繋がれる意識状態のことです。自分とハイヤーセルフ、源が一直線に繋がる位置になります。つまり、「100の位置」に立てていないと、統合は起きないのです。

たとえば、「イライラする」という体験をして、その周波数を外そうとしたとき、「100の位置」がわからなかったとします。それは、自分がスクリーンに映し出している「イライラする体験」に入り込んでしまっているからです。その自分から離れるように、実際に一歩二歩、あるいは三歩でも後ろに下がってみましょう。必ずしっくりくる居心地のよい位置があります。そこが「100の位置」です。

努力でどうにかしようとしていない？

コントロールを手放し、宇宙の流れに身を任せよう

「具現化」は、新しい地球を生きる銀河人類にとって基本的な能力です。もしあなたが望まないものを創り続けているとしたら、宇宙に抵抗し、「うまくいかせよう」と自分のやり方に執着しているからかもしれません。望む現実を思い通りに具現化するには、叶えたい結果をイメージしたら、宇宙の流れに身を任せる意識を持つことが大切です。

すると、ゴールに直結する最短のプロセスが立ち上がります。それをたんたんと行動に移していけばいいのです。自分で「こうしなきゃ、ああしなきゃ」とコントロールしようとしない、つまり、宇宙の邪魔をしないことが大切です。

宇宙はスムーズな流れそのものなので、宇宙に委ねれば、図らずもうまくいってしまいます。あなたが望むタイムラインへのシフトも加速するでしょう。

Special Message

本気で「目を醒ます」と決めると、
思い通りにならないときこそ
「ワクワク」する

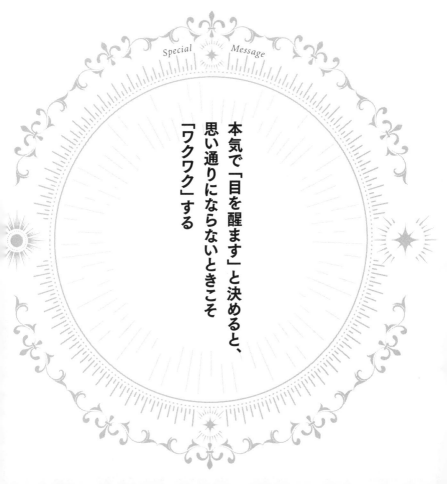

今日は、「こひしたふわよ」の「わ・ワクワクする」に向き合ってみましょう。あなたは最近、どんなことにワクワクしましたか？

思い通りのことが起きたらワクワクする。そうでなければ落ち込む。これまで、「ワクワク」をそんなふうに使っていたかもしれません。

でも不要な周波数をどんどん外して、波動を上げていくと、「本当の自分」と繋がって、自分は本来、「何でもできる」意識であることを思い出すでしょう。すると、思い通りにならない現実に遭遇するほどに、ワクワクが止まらなくなるのです！　なぜなら、「できない」という古い地球の周波数をさらに外して、より深く「本当の自分」と繋がることができるから。最近、こんなワクワクを感じていたら、順調に目を醒ましている証拠です。その調子！

本質を表す

自分の叡智を信頼している？

自分の人生で「何を信じているか」を点検してみよう

今のように情報が満ち溢れる時代は、「何が真実なのか」を誰もが知りたがっています。ただ、本当の意味で「真実を知る」ことは、誰かが教えてくれたり、何かから情報を得たりするようなものではなく、自分自身で感得するものです。

とかく僕たちは頭を使って、「あーでもない、こーでもない」と際限なく考えるクセがあります。それをやめない限り、迷いの森から抜け出すことはできません。

実際に、この宇宙は多次元層が重なって存在しており、僕たちは無数にあるパラレルを自分の周波数に応じて移行し、それぞれの宇宙を体験しています。もし誰かが自分とは違う真実を語っていたとしても、どっちが正しいとジャッジするのではなく、あなたの真実を生きることが大切です。

「今ここ」で捉えたネガティブをつぶさに外している？

ほんのわずかな
ネガティブな周波数でも、
地球にお返ししよう

ハイヤーセルフの視点から言うと、「死」は、隣の部屋に移動したくらいの感覚なので、「悲しい」「辛い」「寂しい」とは思ったりしません。

でも、まだ僕たちは「死」を恐怖や不安、悲しみ、絶望といった「眠り」の意識で捉えることが多いものですね。それがいけないのではなく、それほど「眠り」の意識と、完全に目醒めているハイヤーセルフの意識とは乖離しているのです。ハイヤーセルフの意識は、分離に向かう「眠り」の意識とは真逆の意識であり、ネガティブな周波数を、僕たちのように体験することはできません。

僕たちは今、そのハイヤーセルフに戻ろうとしているのですから、本来の僕たちの持ち物ではないネガティブな周波数は、どんなに些細なものでも、地球にお返しする必要があるのです。

アップデート

時間に追われた生き方は終わりにしない？

自分軸と一致して、瞬間瞬間を生きていると、老化のスピードが落ちて、年を取ることも忘れる

大人になって時間が早く経つように感じるのは、ほとんどの場合、悩みを抱えていたり、「やらなきゃいけないこと」に追われているからです。そして、気持ちも肉体も、消耗しています。

しかし、「本当の自分」という自分軸に一致して、今この瞬間を生きられるようになると、同じように時間が飛ぶように過ぎたと感じても、エネルギーの消耗が減り、むしろ活力が湧いてどんどんイキイキしてきます。じつは、時間を忘れて、無我夢中で瞬間瞬間を生きていると老化のスピードも著しく落ちて、DNAレベルでも若返ってきます。

「もう70歳だから」などという、年齢の概念も一切関係なくなり、どんどん進化、アップデートしていくのです。そのような在り方こそが、これからの宇宙の流れに即した生き方です。

Special Message

内なる叡智と繋がり、「腑に落ちる」選択をする

今日は、「こひしたふわよ」の「ふ・腑に落ちる」に向き合ってみましょう。あなたは、魂レベルで「腑に落ちる生き方」を大切にしていますか？

それは、最高の人生のストーリーを生きる自分にアクセスするために、常に自分軸に沿った生き方をすることでもあります。大きな転換期は、世界をコントロールしようとする存在たちが、僕たちが次元上昇するのを阻止するために、恐怖や不安を煽る出来事を次々に演出します。それらを信じて波動を下げると、ますます外に意識が向き、起きてほしくない事柄に意識を集約し、現実化する流れを創ってしまうのです。情報の取捨選択も「本当の自分」が「腑に落ちるものか」に焦点を当てます。あなたが内なる叡智と繋がり、自分軸にあることを大切にすると、外からの影響も受けにくくなります。

「本当にしたいこと」を大切にしている？

「後回し」は、
波動の力を弱めてしまう。
どんどん望んで行動しよう

「やったほうが絶対にいい」とわかっていながら、後回しにしてしまうことはありませんか。

そして、そんな自分を「行動力がなくてダメ」とか、「めんどうくさがりの怠け者」と責めてしまう。

じつは、そんなふうに自分を責めたりすることが、余計に動けない自分を導くのです。すると、魂を萎縮させて自分軸からズレていきますから、放たれる波動も弱くなります。「やりたいけれどできない」という葛藤を自分の中に起こすことで、自分の本質である意識の力をどんどん弱めている……。

その状態で満足のいく人生が送れるはずがありませんね。自己否定や無価値観は、眠った意識です。その意識を使っている限り、本当に目醒めることはありません。そのことを今一度、心に留めておきましょう。

本質を表す

自分に「愛」を向けていますか？

「愛」には
「愛」しか共鳴しない

僕たちの意識の源は、「無条件の愛」で振動している意識です。つまり、僕たちは無条件の愛の意識そのものなのですが、それをすっかり忘れているのでそれを外に探し、求めています。

あなたに意地悪や嫌がらせをしてくる人がいたとしますます。その行為のベースにあるのは、「愛」への渇望です。彼らは「無条件の愛」を求めているのです。ですから、恨んでも憎んでも解決することはありません。愛には、愛しか共鳴しないからです。

外の出来事はすべて自分の内側から起きているという基本に立ち返りましょう。自分との関係性に愛が欠けていると、その反映で人間関係が破綻することはよくあります。自分に愛を向けて、自分と心地よい関係を築くことに意識を向けて、日常を過ごしましょう。

ピンときたら「72時間以内に行動」してる?

スピーディーな新しい時代に
マッチした自分作りを意識しよう

今は、世の中の潮目が一気に変わり始めようとしています。時間も情報も何もかもが加速し、「あっという間に一年経った」と感じたりしていませんか。あなたがスピーディーな流れを感じているということは、「スピーディーに反応してね」という宇宙からのサインを捉えたからです。

自分の内側にもさまざまなフィーリングが目まぐるしく湧き上がってくるタイミングですから、ネガティブな波動を捉えたら、すばやく手放す。そして、波動が上がった先で直感的に受け取ったひらめきを「72時間以内に行動」に移すことが大切です。

焦る必要はありませんが、スピーディーな流れに乗ることが、意識も行動も変えることになり、新しい時代にマッチした自分作りに繋がります。

自分から高次の存在に依頼をしていますか？

高次の存在と仲良くするには、
一緒に暮らしている意識で関わろう

高次の存在と仲良くするには、人間関係と同様に、コミュニケーションを重ねる必要があります。

毎日、「意識する→話しかける」。この繰り返しが大切で、彼らと一緒に暮らしているかのような意識で関わるとよいでしょう。彼らは、僕たちから依頼しない限り、勝手に手を差し伸べてくることはありません。

僕たちには自由意思があり、それを無視して介入することは、カルマを生むことになるからです。また、彼らは僕たちの成長を妨げるような助け方もしません。

もしあなたが「試験の合格をサポートしてほしい」と依頼したとしても、試験に落ちて痛みを知ることがあなたの人生のテーマと関わっていたら、その機会を奪うことはしません。それがあなたの最高の人生に繋がるプロセスだと彼らは知っているからです。

統合のトラップ

嫌いな人ほど意識していると気づいている？

**何もかもが超ムカつく人は、
あなたの「統合」に
大きく貢献してくれる人**

人によってイライラするシチュエーションは違うものですね。人のミスが許せなくてイライラする人もいれば、待たされてイライラする人もいれば、髪型がきまらなくてイライラする人もいます。

いずれにしても、イライラは、あなたが本質とズレているときに起こります。

宇宙は完璧で、それを捉えさせるために、あなたが必ずイライラしてくれる人や物事を配置します。つまり、何もかもが超ムカつく人との出会いは、それだけ大きな分離の周波数を持っていると、あなたに教えてくれているのです。言い方を換えれば、その人はあなたの統合に貢献してくれているのですね。嫌いな人との関係を何とかしようとするよりも、そうやって捉えた周波数を手放して自分が変化すれば、現実は勝手に変わります。

「天地一貫」を常に意識している？

地球からポジティブな周波数を発信するアンテナになろう

グラウンディングとセンタリングを強化すると、地球と自分、そして本質の光としっかり繋がり、自分軸で世界にポジティブな周波数を発信することができます。軽やかな意識で行動でき、心から望む現実創造も可能になります。グラウンディングは、イメージを使う方法の他に、運動など身体を意識的に使うことでも行うことができます。センタリングは、次のイメージを使ってみてください。

①頭の中心にクリスタルの部屋をイメージします。

②その部屋に入り照明をつけると、あなたに関わったさまざまな人がいます。彼らに、「私の部屋から出ていってください」とキッパリ伝えます。

③部屋の中央に座り、「自分の人生を操縦する」と意図し、呼吸をしながら、源からの光のシャワーを浴び、頭の中の部屋と自分を満たすのを感じましょう。

本質を表す

言葉の本質に意識を向けている？

「自分がどんなことを伝えたいのか」
「どんな意図をもって話したいのか」、
意識的に話そう

「言霊《ことだま》」という言葉があるように言葉には人を助けるエネルギーが乗ることも、人を傷つけるエネルギーが乗ることもあります。

「自分がどんなことを伝えたいのか」「どんな意図をもって話したいのか」、意識的に話すことを心がけてみてください。

ポンポンポンと言葉を発するのではなく、真実の自分の気持ちを乗せて話すことが、本当の意味で「言葉を大切にする」ことになります。

すると、たとえ言いにくいことであっても真意は相手にちゃんと伝わります。

意識して大切な言葉を使うと、人間関係に調和や温かさが生まれます。それは、自分の波動を高めていくことにも繋がっていくでしょう。

「簡単さ」を意識している？

**波動のアップダウンが激しいときこそ、
気分が上がることをして、
上昇気流の波に乗っていこう**

ハイヤーセルフは、いつも僕がお話ししている「こひしたふわよ」（P12）の波動で振動しています。

「こひしたふわよ」に従って、ハイヤーセルフという本質に向かって進んでいくと、それまで使っていたネガティブな周波数が浮き彫りになってきます。

言い換えると、「こひしたふわよ」を追いかけていくことで、同時に自分の中に潜んでいたネガティビティに触れる体験をする。つまり、ネガティブな感情が湧いてくるのが、一層わかるようになるのです。

なので、波動がアップダウンするわけですが、上がったり下がったりは波動の性質であり、単なるリズムです。そこに囚われることなく、下がってるなと感じたら、気分が上がる行動をするだけ。この簡単さ、シンプルさを、ぜひ取り入れてみてください。

Special Message

どんな炙り出しを体験する中でも、「楽しむ」スタンスで統合を進める

今日は、「こひしたふわよ」の「た・楽しい」に向き合ってみましょう。統合を続ける中で、「統合しなきゃ」とつい頑張っていませんか？　どんなことも「楽しむ」スタンスを貫けるかどうかが、スムーズに目を醒ましていく鍵になります。

僕たちは、3次元の古い地球から5次元の新しい地球へと上昇していくのだから、何をするにも軽やかな意識でいることが大切です。大変容のプロセスにおける浄化が進む中では、さまざまな「炙り出し」を誰もが体験するでしょう。時に塞ぎ込みたくなるような体験をするかもしれませんが、「自分の学びのために、自分が起こした」と受け取るようになると、何事も「楽しむ」スタンスに立つことができるようになります。このプロセスをも超えて先に行こうと軽やかな意識を向けることができるでしょう。

本質を表す

今日が人生最後の日だとしたらどう生きる？

「先延ばし」の意識の使い方をやめて、
「今」すぐ動こう

死の間際に、多くの人は「後悔する」と聞きます。何を後悔するのかと言えば、「やらなかったこと」についてです。「もっと家族との時間を持てばよかった」「もっとチャレンジすればよかった」「もっと旅をすればよかった」「もっと感謝を伝えればよかった」……。

その内容は人それぞれですが、そのほとんどが「やったほうがいい」と心の声をキャッチしているのに、先延ばしにした結果、悔やんでいるのです。

先延ばしにする意識の使い方をやめることは、今を充実させることに繋がり、なおかつ、そこでもし命が終わったとしても「できることは、すべてやった」という満足感をもって、その先へと行くことができます。

この世に未練を残さない生き方をすることは、輪廻の輪を抜け出し、転生の流れに乗る上でも大切です。

「お金がなくても誰も困らない」。
そんな未来の自由さ、
真の豊かさを想像してみよう

今は貨幣経済が世の中を支配しているので、「お金がないと生きられない」と誰しもが思っています。ところが、魂の正解ではお金には何の価値もありません。死ぬときにお金を持っていくことはできませんね。つまり、「お金がないと生きられない」という常識は、この地球次元に限定された観念に過ぎません。今すぐお金に頼る生き方をやめることは無理がありますが、頭の片隅に「お金のことを気にしない生き方もある」という考えを持つようにしてみてください。そのような思考を持っている人がたくさん出てくると、集合意識に変化をもたらします。すると、お金に執着する人が少しずつ減って、やがて貨幣経済が崩壊する未来が訪れます。人類は何によって支配されなくても調和を築ける意識へと上昇するでしょう。

分離した在り方に気づいている?

「向こうが」「あっちが」「こっちが」。
当たり前に出てくる「分離」の
表現を捉えたらサクッと手放そう

「どう考えたって〝向こう〟が悪い」というふうに、当たり前のように自分と相手を分けて考えていませんか。

じつは、その在り方こそが二極意識の根幹であり、分離の意識そのものだと、多くの人はまだ気づいていません。なおかつ、馴染みに馴染んだ使い方のため、気づけずにいる人が圧倒的です。

しかし、「向こうが」「あっちが」「こっちが」という分離の意識を使っている限り、僕たちは、自分の外に敵や悪を見出し、闘い続けることになり、僕たちが真の意味で目醒めることもありません。

あなたがもう分離した世界を望んでいないのであれば、「向こうが」という分離の表現が口をついたら、手放していきましょう。真の調和はあなたから始まります。

脳のポテンシャルを引き出している？

脳を意識的にクールダウンして、健康を保つ上で重要な「自律神経」を整えよう

今は世の中が目まぐるしい速さで動いていて、エネルギーの受信機としての役目もある脳もその影響をダイレクトに受け取ります。

脳がそれをストレスに感じて緊張状態になると、神経回路がオーバーヒートを起こして、「何も考えられない」とか、反対にパニックを起こしそうになったりするのです。なので、脳を意識的にリラックスさせることはとても大切です。そのためには腹式呼吸を行います。

①鼻から息とともに光のエネルギーを吸って、おなかを膨らませます。

②口から吐く息とともに、自分の脳や全身に溜まっているストレスが真っ黒い煙として出ていくイメージをします。自律神経は深い呼吸で整い、脳もクールダウンします。

会話中も「手放し」にチャレンジしてみない？

人と話をしているときも、
自分のハイヤーセルフに意識を
フォーカスし続ける

人と話すときや、会議に出席しているようなときでも、ハイヤーセルフに繋がりながら相手の話に耳を傾けると、相手にも自分にも最適な答えが導き出されるようになります。

もし人と会話を始めると、意識が相手に向いてしまってハイヤーセルフのことなんて忘れてしまうのであれば、人と会う前に「私はハイヤーセルフと繋がって会話をする」と、明確に意図しておくのがおすすめです。

人の話を聞きながらも、自分は何を感じ、何を思っているかを意識します。そこで不要な周波数を捉えたら、「手放してOK?」「イエス」と心の中で自問自答して、間髪入れずにたんたんと「手放し」していくと、どんどん統合が進みますし、相手との関係性も最適化されていきます。

オープンコンタクトへの準備は順調？

宇宙のガイドと共同して、アセンションのプロセスを加速しよう

銀河人類は、「新たな知覚力を通して生きる」ことになります。自分をサポートしてくれている宇宙種族のガイドと共同し、「本当の自分」との繋がりを強化すると、その能力は劇的に活性化します。

①プラチナシルバーのフィールドに立ち、宇宙空間が広がる自分の上空に、源の光をイメージします。

②源の中心から身体をすっぽり覆うダイヤモンド製のオクタヒドロン（ピラミッドの底と底をくっつけた正八面体）を降ろすと意図します。この中にはポジティブなエネルギーしか入ることができません。

③その中央に椅子を置いて座り、目の前にも椅子を一つ用意して、自分のガイドに「お越しください」と呼びかけます。やってきた彼らに質問をしたり、今の自分の考えを聞いてもらったり、交流を図りましょう。最後に感謝を伝えます。

自分の「意識」の力を見くびっていない?

たった一人の意識の変化が、
集合意識を変える足がかりになる

そもそも僕たちは、この地球という物理次元を楽しむために、あらゆる常識やルールを創り出しました。「食べないと死んでしまう」「年を取ると、身体が老いて病気になる」「仕事は辛いことがあって当たり前」など、際限なく出てきますが、それらはすべて、自分たちでそのような世界観にすると決めて、全員が同意して生まれてきています。今は誰もがその常識を採用しているので機能していますが、宇宙ではどれも通用しませんし、一人ひとりが意識を変えなければ永遠に変わることもありません。

自分一人が変わったところで世の中は変わらないという在り方を手放しましょう。バタフライエフェクトがあるように、あなたの行動が予想もつかないようなポジティブな流れを生むこともあるのです。

常識を手放す

子どもの可能性を枯らしていない?

大人が自由で幸せに
生きている姿を見せることが
子どもたちへの最大のギフト

今、早急に求められるのは、大人の意識を変えることです。「偏差値の高い学校に行って、有名企業に就職するのがよい人生だ」などという時代はとっくのとうに終わっています。今までの古い体制での教育の在り方や、自分で受けてきた教育が正しいという思い込みを手放す必要があるのです。

今の子どもたちは、「新しい地球」を人生のメインステージとして生きていく魂です。宇宙意識に繋がった子どもたちがどんどん生まれてきますから、いきなり空を飛んだり、賢者のように話したり、習っていなくても楽器を見事に演奏したりするような子どもがたくさん出てくるでしょう。

そんな可能性に満ちた子どもたちへの最大のギフトは、大人が自由で幸せに生きている姿を見せてあげることなのです。

一日の流れを意識している?

嫌な出来事は眠る前にリセット。
シルクや麻を身につけて休み、
エネルギーのバランスを安定させよう

世の中が慌ただしいと、自分の気持ちも乱れやすくなり、ザワザワ、モヤモヤした気持ちでベッドに入ることもあるかもしれません。そういうときは、眠る前に一日をさーっと振り返ってみましょう。嫌なことがあったなら、ストーリーを改ざんして、よかったことに作り直してしまえばOKです。一日が気持ちよく過ごせ、スムーズな流れだったとイメージして眠りにつくと、意識がポジティブに転換します。リラックスして眠れると、本当の意味で癒やしやリセットが起こります。

さらに、肌に直接触れる下着類やパジャマは天然素材のものを身につけるのがおすすめです。特に、シルクと麻は、エネルギーを安定させてバランスをよくする作用があります。これも、自分の中に安心感や安定感を作る工夫です。

統合のトラップ

目を醒ます方向からズレていない？

「非難」や「批判」は、
目醒めの道を踏み外すトラップ。
その重たい波動を外して、
一気に別のパラレルへジャンプ！

「国が悪い」「時代が悪い」「社会が悪い」という、一見、正義と道理が通っているような非難や批判は未だ蔓延し、後を絶ちません。

たとえ誰が聞いても「その通り」と賛同してくれるような意見でも、非難や批判がベースになっているなら、目を醒ます方向からズレています。まるでトラップのようにそこに引っかかっている人が今、増えているのも事実です。

外側に責任転嫁する在り方をつい選んでしまうのは、「無価値感」「承認欲求」「自信のなさ」「他者との比較」などの古い地球の意識を使っているから。つい愚痴りたくなるような生きづらい世の中かもしれませんが、それこそ「目を醒ますために創り出した現実」であり、まさに重たい波動を外して飛躍するチャンスです。

Special Message

最高の人生のストーリーの主人公として生きる自分に「しっくりくる」人間関係を選ぶ

今日は、「こひしたふわよ」の「し・しっくりくる」に向き合ってみましょう。あなたは、本当の意味で「しっくりくる」人間関係を築いていますか？

古いものが崩壊し、新しいものが生み出される流れにおいて、人間関係もその例外ではありません。

人の悩みは9割が人間関係とよく言われますね。それが解消すると大方人生の流れはスムーズになるのに、未だ行き詰まりを感じている人も多いようです。

一般的に、人間関係における考え方として、「くるもの拒まず、去るもの追わず」という姿勢があります。ただ、これからは、出会った人があなたの最高の人生のストーリーに登場する人物としてしっくりこないなら、「くるものも拒む」でOKです。人生の主人公は自分ですね。その意識を持って、最善・最高の人間関係を取捨選択していきましょう。

どんな「豊かさ」の在り方を意識している？

波動を高く、強く保ち、永続的な「豊かさ」にアクセスしよう

「波動が低くて、波動が強い人」も存在します。わかりやすい例が、お金を得ることです。たくさんお金を稼げる人の特徴は、波動の高さよりも、強さと行動力にあります。たとえば、金銭等を騙し取るような詐欺を働く人は悪知恵の限りを尽くして、どうやったらお金を稼げるかを貪欲に探求し、行動を惜しみません。これが彼らの波動を強くしています。ただ、波動が低くて波動が強い人の形にしたものは、長続きしないものです。

反対に、「波動が高くて、波動が強い人」が生み出したお金や豊かさは永続的です。そのためには、自分の魂が喜ぶ生き方を選択し、なおかつ行動することなのです。すると、お金は期せずして入ってくるようになります。自分にも世界にも豊かさが巡るお金の稼ぎ方ができるのです。

常識を手放す

「私は普通だ」と思っていない？

自分にとっての「常識」「普通」「当たり前」を疑う

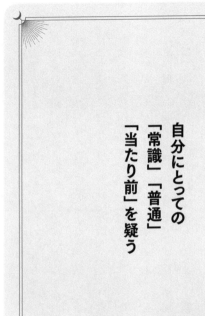

あなたは自分にとっての「普通」に当てはまらない行動をしている人を見ると、「普通はあんなことしない」とジャッジしていませんか。

普段あまりにナチュラルに「常識」を使いこなしているので、なかなか気づくことができませんが、「あれは普通じゃない！」と衝撃的なシチュエーションを体験したら、自分の常識を疑ってみてください。たとえば、「妻が稼ぎ、夫が家庭を守る」夫婦に対して、「普通じゃない」という感情を抱くのは、「男は外で働き、女は家庭を守るべき」という信念を未だ使っているからです。男女問わず、それぞれが得意なことをして幸せなら、何ら問題ないですよね。パートナーシップの在り方も刻々と変化しています。そういった不自由な常識を手放していく時期にきていると知ってください。

宇宙との
関わりを強化

アセンションの先輩に意識を向けている？

**アセンデッドマスターと繋がると、
自分の内なる神聖さや
パワーが引き出される**

アセンデッドマスターというのは、基本は僕たちと同じ人間だったけれど覚醒して身体を持たない高次元の存在として人々を導いてくれる、アセンションにおける先輩です。

彼らと繋がり、その叡智とエネルギーを受け取ると、自分の内なる神聖さやパワーが引き出され、目醒めからアセンションに向けたプロセスを大きく加速させていくことができます。

「高次の存在たち」と意識を向けて問いかければ、あなたの質問に最も適した答えを知るマスターが、あなたのハイヤーセルフを通じてメッセージを届けてくれます。特定のマスターと繋がりたい場合は、そのマスターに意識を向けましょう。惹かれるマスターというのは、魂レベルで何らかのご縁があるものです。

本質を表す

「愛」や「調和」を意識して話している？

「手放す」とは、
自分の闇を切り捨てるのではなく、
受け入れて調和していくこと

愚痴や悪口は自分の中にあるものをただ外に投影しているだけです。つまり、愚痴や悪口は自分に対して言っているのですが、まだ多くの人たちはこの事実に気づいていません。なぜなら、自分の中にある闇を認めたくない、受け入れたくないので、外に投影して自分を守っているのです。

これは、「愚痴や悪口を言ってはいけない」という話ではありません。溜め込むくらいなら、紙に書き出してください。終わったら燃やしてしまいましょう。

同時に、そのようなネガティブな感情を持った自分を丸っと受け止めて、その気持ちを手放します。「手放す」とは、自分の闇を切り捨てるのではなく、受け入れて調和していくこと。それが統合です。すると、意識は徐々にニュートラルに近づいていきます。

もう闘いは終わりにしない？

「新しい地球」はポジティブな意識をベースにしてしか生きられない磁場。「許せない」という重たい波動を超えて先に進もう

「許せない。必ず見返してやる」という言葉のように、怒りや執念、憤りが、時に人生の原動力になることが、「古い地球」ではありました。でも、「新しい地球」では、ポジティブな意識をベースにしてしか生きることができなくなります。「新しい地球」の磁場は、真の調和そのものだからです。

許せない人がいるなら、その人をイメージしてこう宣言しましょう。

「私は、この人を今、許し手放します。この人との関わりから、気づきや学びを受け取り、最高の人生の舞台に立つことを選択します。今までありがとう」

そして、その人の映像がどんどん薄くなり、最後に光となって消えるのを見届けます。そして、深呼吸。最初は言い聞かせでもかまいません。このように、何度でも許して先に進みましょう。

本当の「思い」をちゃんと表現している？

「思い」と「言動」に矛盾がなく、一致するほどハイヤーセルフと繋がる

あなたは、今自分が「何を感じ、何を考え、何を思っているか」。ちゃんと理解していますか。

本心は違うのに、「仕方ない」とやり過ごし、波風が立たないよう意見を呑み込んでしまうような生き方は、自分の中の曇りをどんどん増幅させます。その曇りが、自分が何をしたいかわからない、本質がわからない、繋がれないと思わせるのです。たとえば、AとBがあって、あなたはBがいいと思った。でも、自分以外の人は全員Aを選んだとします。「あなたはどう?」と訊かれたら、「私はBがいいと思った」と真実を表現することは非常に大切です。Bが採用されるか否かは重要ではなく、自分の思ったことと、口に出すことや行動の一つひとつに矛盾がなく、一致すればするほど、本質との繋がりは強まります。

変化を楽しんでいますか？

自問自答して、最善・最高を選択する力を発揮しよう

大転換期の今は、これまでの常識から見たら、目や耳を疑う事実が次々に明るみに出てきます。

それは、新たな価値観や習慣を受け入れることであり、変化に対する柔軟性を必要とします。そのとき、大切になるのが「自分軸」です。今こそ、真に「自立」して玉石混交の情報から自分にとっての最善・最高を選択する力が求められているのですね。ぜひ自分に問いかけてみてください。

・「新しい地球」に移行するために、今一番手放す必要のある人やモノ、習慣は何だろう？

・私は「新しい地球」でどんな在り方をしたい？　そのために必要な資質や才能は何だろう？

心の声に耳を傾け、受け取ったものが、あなたの「自分軸」となります。正念場と言える流れでさえ、楽しみながらシフトする支えになるでしょう。

Special Message

正解を求める生き方をやめて
純粋に「惹かれる」ものを
意識して行動する

今日は、「こひしたふわよ」の「ひ・惹かれる」に向き合ってみましょう。「惹かれる」という反応は、それに向けてアクションを起こすと自分の本質と繋がっていく、つまり幸せになるサインです。

でも、「正解か、不正解か」「得するか、しないか」などの二極の意識に囚われて、動けなくなっていませんか。たとえば、「自分もああなりたい」と心惹かれる人がいたとします。目に映ること、相手に対して感じることは、合わせ鏡みたいなものです。つまり、そうなっている自分はどこかの次元にすでに存在しています。本気でそうなりたいなら、今の自分と、憧れの自分との間のギャップを埋める行動をするだけなのです。純粋に心惹かれるものを意識することで、もっと簡単に、望む現実に導かれることを知っておいてくださいね。

エネルギーを無駄に浪費していない？

物置き部屋を掃除すればするほど、自分の浄化もすみずみまで進む

部屋が浄化されていれば、そこにいる人も浄化され、波動は勝手に上がっていきます。

部屋はシンプルに、「どこに何があるかわからない」と迷子になるようなモノがなく、必要なモノのみで整えるとよいでしょう。

片づけでありがちなのが、物置き部屋を作ってしまうことです。目の前はきれいにしていても、実際は不要品を、使わない部屋や戸棚などに追いやっただけでは、臭いものに蓋をしている状態です。

自分は不要品でぐちゃぐちゃのその空間を知っていますから、そこに無意識レベルでエネルギーが取られていきます。そうすると自分の波動は弱くなってしまいます。不要なモノは少しずつでも処分して、本当の心地よさを感じられる空間にしていきましょう。

ハイヤーセルフと一体化

ハイヤーセルフと会話を楽しんでいますか？

タイミングが合わないときこそ、ハイヤーセルフとの絆を深めるチャンス

ハイヤーセルフと深く繫がると、直感的になり、何をするにもタイミングが合うようになってきます。

反対に言えば、「タイミングが合わない」ことが続いたりするのは、自分がハイヤーセルフとズレてしまっている証拠です。

でも、「タイミングが合わない」と思うことは、「ツイてないな」と落ち込むようなことではなく、むしろチャンスです。「何かがズレているよ」と、現実を通してやってくるハイヤーセルフのサインにあなたは気づいたのですから。

「何を変える必要がありますか？」と、ハイヤーセルフに問いかけましょう。それを捉えたら、サクッと軌道修正すればＯＫ。そんなふうにやりとりすることが、そのコネクションを強くします。

強制ストップ寸前になっていない？

宇宙から降り注ぐ
サインの誘導に従うほど、
人生の流れは
ポジティブに加速する

宇宙からも何度もサインがやってきているのに、それを無視し続けるとどうなるか。サインに耳を傾けなければ、まずその声は小さくなっていきます。でもそれは自分が聞こうとしていないだけで、相変わらずサインはやってきているものです。

たとえば、「新しい道に進んだほうがいい」と、サインに気づいているのに、グズグズしてしまうことはありませんか。すると、そんなことを思いもしなくなった頃に、大病を患うなど強制ストップがかかることはよくあります。サインを受け取らない＝本質とズレた状態にあるので、立ち止まらざるをえないような出来事が起こって、自分と向き合うことになるのです。

だからこそ、サインに気づいたら早めに動くことこそ、人生の流れを加速し、スムーズにする秘訣であると心得ましょう。

本当に、みんなと一緒は居心地がいい?

自分の魂の意思に沿わない
選択はもうしない

いよいよ、今までの観念や概念が通用しなくなり、世の中のルールそのものが変わり始めていることを肌身で感じているのではないでしょうか。

みんなに合わせて「型にハマる」ことや「右へならう」生き方はもうおしまいにしましょう。人に気に入られる必要はなく、あなたが生きたいように生きられる時代が始まっています。新しい時代は、あなたの本質の輝きを露わにし、オリジナリティを発揮して生きる時代です。他者と比べることなく、ただ自分の興味が惹かれるもの、好きなもの、ワクワクするものを追求しましょう。

これからが本番です。日々、目の前の現実に囚われることなく、あなたが本当に望む世界に、しっかり意識を向けて、今世、魂が約束してきた「最高の人生のストーリー」を生き切りましょう。

小さな嘘で本質の純粋さを汚してない？

自分にも他人にも嘘をつかない

混沌とした世の中を生き抜くために、今とても大切なことの一つが、嘘をつかないことです。

嘘をつくことで、意識が曇り、真実がますます見えにくくなります。それは、意識における〝純粋さ〟が、どんどんなくなっていくことを意味します。本質は〝純粋さ〟とイコールであると言えますが、それが曇ることで、自分の本心すら、わからなくなってしまうのです。

本当は知らないのに相手と話を合わせるために、知ったかぶりをしたり、相手を傷つけないため嘘をついたりすることであっても、結局、本当の自分とは一致していないので、波動を弱めてしまいます。新しい地球において、嘘偽りなく、等身大で在ることは、波動を強くして、そこに向かう上昇気流に乗る上でも欠かせません。

アップデート

過去を引きずっていない？

時間軸のイリュージョンから抜け出し、
移動するたびに、自分を活性化しよう

僕たちは今日も明日も明後日も、同じ自分が続いていくと思いがちですが、それは過去・現在・未来と続く時間軸のイリュージョンに囚われているからです。

そもそも時間は繋がっていません。一瞬一瞬は、フィルムの一枚一枚のように独立して存在しています。「過去がこうだったから現在はこう、未来は必然的にこんな流れになる」などと繋げる必要はありませんし、意識のフォーカス次第で、毎瞬自分を変えることもできるのです。

たとえば、電車、タクシー、飛行機……。それらに乗る前に「これに乗ったら、降りたとき高い次元のパラレルに到達する」と意図すれば、移動するたびに自分をアップデートできます。それは、自身を次元上昇させるべく瞬間瞬間自分の命を輝かせて生きることに繋がるのです。

Special Message

「心地よい」と感じるモノを意識して集める

今日は、「こひしたふわよ」の「こ・心地よい」に向き合ってみましょう。あなたは自分が「心地よい」と感じるモノやことをどれくらい挙げることができますか？

心地よさは、言い換えると気分が上がるということです。つまり、心地よさを捉えると僕たちの波動が上がります。なので、何が自分の気分を上げるものかをちゃんと知っておくことが大切です。

たとえば、「この花を見るといい気分になるな」と思ったとき、その花の名前を知らなかったら調べてメモしておく。「このメロディを聴くと、ウキウキするな」と思ったらその曲を調べてメモするというふうにして、それらをなるべく身近に置いたり、気分が下がったと感じたらすぐに取り入れて、自分を整える工夫をしてみましょう。

子どもをコントロールしていない？

「何を感じ」「何を思い」
「どうしたいか」。
自分の意思で答えを
出せることが生きる力

子どもへの教育の基本は、その子が自分で考えて、選んだ方向へと導いてあげることだと僕は思っています。「ああしなさい、こうしなさい」「あれはダメ、これはダメ」と親が口出しし過ぎて可能性を閉じてしまうよりも、「こひしたふわよ」（P12）を意識してみましょう。「これと、それ、どっちがワクワクする？」「どれがしっくりくる？」というふうに本人に訊いて、子どもが何を感じ、何を思い、どうしたいか、ちゃんと自分の意思で答えを出せるようになることが生きる力に繋がります。

子どもを叱ったりする場面もあるでしょう。時に、「言い過ぎた」「自分のエゴだったかも」と、罪悪感を感じることもあるかもしれません。そのときは、その周波数を手放して、一度ニュートラルな意識に戻ってから子どもと向き合いましょう。

統合のトラップ

大事な人に「無条件の愛」を注いでいますか？

「あなたのため」は、
じつは「自分のため」。
巧みにすり替えられた
「眠り」の意識を手放そう

長い間、「古い地球」で生きてきた僕たちは、ほとんどが条件に基づいた愛を実践しています。

たとえば、子どもに「テストで100点取ったらゲームを買ってあげる」と約束したりしませんか。「勉強ができることは本人のためになる」と思っているかもしれませんが、その多くは、心の深い部分で、「子どもが0点を取ったら自分がショックを受ける。それを体験したくない」と思っていたりします。つまり、「あなたのため」と言いつつ「自分のため」なのです。それが無条件の愛かと言ったら、ズレていると感じませんか。これは、無条件の愛のふりをしながら、巧みに条件付きの愛にすり替えられた「眠り」の意識です。こういった気づきにくい部分にも目を向けて、この大転換期は、しっかりと統合していくことが大切です。

「見るもの」「聴くもの」を意識している？

クリスタルボウルの音色を部屋に響かせて空間を浄化する

混沌さが増していく転換期の今は、何気なく見るもの、聞くものも取捨選択し、心地よさを追求することが大切です。つけっぱなしのテレビから、何となく入ってきたネガティブな映像や言葉が潜在意識に働きかけて、現実に反映してしまうこともあるからです。

自分にとって本当に心地がいい映像や音楽を意識的に選択できると、それらは波動を高める助けになってくれます。僕は最近、意識にリラックスをもたらすとされる、432ヘルツの周波数の音楽を聴いたりしていますが、多くの人におすすめなのは、クリスタルボウルの音色です。クリスタルボウルに含まれるケイ素という物質は、僕たちの身体、特に骨などにも存在し、共鳴することで、自分自身はもちろん、部屋も浄化されると言われています。

「こうありたい」にこだわり過ぎていない？

**未来に漠然と期待するよりも、
願望への執着を手放して、
その願望が叶ったタイムラインに
移行しよう！**

僕たちは、パラレルワールドを毎瞬シフトしていますが、そのパラレルは、タイムライン上に点在しています。この二つは混同しがちですが、異なるものです。

たとえば、「結婚したいなら、すでに結婚しているパラレルに移行すれば具現化する」とよく聞きますね。「こうしたい」と思った時点でそのパラレルは存在するからです。しかし、あなたのタイムラインにそもそも「結婚」がなかったら、それを体験することはありません。つまり、結婚が〝ある〟タイムラインへのシフトも必要なのです。簡単に言うと、タイムラインは自分の意識が「ある、なし」のどちらを選択しているかです。結婚が「ない」から「ある」への移行は「結婚したい」という執着を手放し、「ない」という発信をやめることです。

ハイヤーセルフと一体化

今日、ハイヤーセルフを意識した？

「本当の私はハイヤーセルフである」と、アファメーションしよう

「ハイヤーセルフとどうやって繋がればいいの？」と、あなたが思ったとします。じつは、そんなふうにハイヤーセルフに意識を向けるだけでも、すぐに繋がることができます。でも、「そんな簡単にできるわけがない」と思い込んで、繋がりを遮断していませんか。

本当は意識を向けるだけで繋がるのですから、「本当の私はハイヤーセルフである」と、一日一回でもいいので思い出して、アファメーションする習慣をつけましょう。

ハイヤーセルフに意識を向ければ向けるほど、その繋がりは深くなっていきます。するとハイヤーセルフの本質的な才能や資質がどんどん自分に流れ込んできて、「本当の自分」の可能性を最大限発揮できるようになるのです。

アップデート

病気の周波数を使っていない?

免疫力を強化して、「真の健康力」を取り戻そう

本質に還るタイミングを迎えている今、肉体を本当の意味でアップデートしていくことが求められていま す。そのためには、自分の中にある「真の健康力」に意識を向けることが大切です。

あらゆる病気は波動の乱れでしかなく、僕たちは本来、自分の力で自分の不調を治す力があります。

たとえば、免疫に関わると言われる胸腺（胸骨の裏に接し、心臓の上に位置する）と、左右の肋骨の一番下の2か所を結んでできる三角形のゾーンは、パワフルに免疫力をアップするポイントです。

片方の手の4本指で胸腺、もう片方の手の親指と人差し指で肋骨の一番下の辺りを、トントントンと1分程度、軽くリズミカルに叩いてみてください。簡単に免疫力をアップすることができます。

今、自分にできることは何ですか？

僕たち一人ひとりの「祈り」が自然界の調和をサポートし、共存共栄に繋がる

地球を取り巻く自然界には「火・地・風・水」の四大エレメントに絡んで、エレメンタルという精霊が存在しています。

たとえば、自然災害は、新しい地球へ移行するための浄化のプロセスでもありますが、そこに彼らも深く関わっています。彼らは僕たちと同様に地球上に暮らし、少しだけ自我を持つので、人間と共鳴しやすい存在です。たとえば、僕たちが日常で恐怖や不安を募らせると、それが彼らに共鳴して災害規模が大きくなることもあります。

反対に言えば、災害を最小限に留めたいのであれば、僕たちがいかに調和に満ちているかを表現することです。たとえば、「祈り」もパワフルなサポートです。そのような穏やかさを保つ在り方が、彼らが自然界を守る助けになり、なおかつ共存共栄に繋がります。

統合のトラップ

違和感をスルーしていない？

光へと向かう意識を惑わす
「罠」を見抜くには、
「こひしたふわよ」の感覚を
信頼すること

僕たちはこれまで、深い眠りの世界で、闇の存在に、それとは知らず、奴隷のようにコントロールされてきました。しかし今、地球は目醒めのサイクルに入り、目醒める人が出てくればくるほど、彼らの支配体制は維持できなくなるため、それを阻止しようと策略を練っています。そんな「陰謀論」のような話は、にわかには信じられないかもしれませんが、事実です。ネットやテレビの報道の中にも、非常に巧妙なフェイク映像が紛れ込んでいたりします。これは罠であり、光へと向かおうとしている意識を惑わせようとしているのです。

それをどう見抜いたらよいか。一つは、自分の「こひしたふわよ」（P12）の感覚を信頼すること。同時に、その情報からコントロールのエネルギーを感じるか否か、よく精査することです。

サインを偶然で片づけていない?

**同じような情報を
3回以上キャッチしたら、
確実に宇宙からのサイン**

宇宙からのサインは、繰り返しやってくるものです。たとえば「今、自分に必要なことは何だろう？」と思ってから、ヨガの情報ばかり何度も目に入ったとします。そういうときは、ヨガの体験レッスンだけでも行ってみることが大切です。

サインをキャッチしたら、すばやく行動に移すことで、人生の流れがガラッと変わることはよくあります。サインの回数の目安として、3回以上キャッチしたら確実にサインです。

本当に大切なことであるなら、品を変え、形を変え、さまざまな形でサインを送ってくるものです。もし「サインかどうか」わかりづらいときは、宇宙に対して、「私にわかりやすくサインを教えてください」と依頼し直してみましょう。

モヤモヤを放置していない?

「頭ではわかっているのだけれど……」は、
「わかったふり」の常套句。
「本当はわかっていなかった」と
素直に認めて、軌道修正しよう

「頭ではわかっているのだけれど……」と言いながら、行動に移さずモヤモヤしている状態は、自分軸からどんどんズレていきます。すると、波動が弱くなり、現実に対する影響力も弱くなっていきます。つまり、望む変化を起こせなくなるのです。

「頭ではわかっているのだけれど行動に移せない」という状態は、「本当は理解していない」と、知ることです。本当に理解しているのなら、速やかに行動できるものだからです。

行動に移せない、そのモヤモヤした状態から抜け出したいなら、「私は本当はわかっていない。わかった気になっていただけなんだ」と認めることが大切になってきます。そして、「本当は、自分はどうしたいか」に、向き合うことで、再スタートすることが大切なのです。

ハイヤーセルフと一体化

人生を「高い視点」から見渡している？

ハイヤーセルフと繋がり、認識力と感性を拡大しよう

思い出してください。あなたが今世、肉体を持って生まれてきたのは、この「大変動期」を見届けるためです。さらに、「新しい地球を生きることで、新たな文明の礎《いしずえ》となるため」ですね。本気で目醒めると決めたなら、物事に一喜一憂したり、ちょっとしたことに右往左往していたりする場合ではないのです。

そんなときこそ、ハイヤーセルフとしっかりと繋がりましょう。拡大された認識力と感性を取り戻すことができると、人生をより高い視点から捉えられます。

僕たちにとって、本来、常にハイヤーセルフの視点でいることがナチュラルな意識の状態です。あなたの問題解決能力が高まり、自分にとっての最善を選択する力が増すことにもなります。

植物にも敬意を払っていますか？

精霊たちによって、
自然界は支えられていることを
忘れない

木や草花は、僕たちと一緒に地球で暮らす仲間であり、彼らもそれぞれに意識を持っています。

木や草花は叡智に溢れ、道端に生えている花や街路樹も、さまざまなことを知っていますし、感謝を伝えると、気持ちを返してくれたり、コミュニケートできる存在です。そうなると、雑草を刈ったりすることに抵抗を感じる人も、中にはいるかもしれません。そのときは、「全体の調和を取るためにお手入れをする」と意識してみましょう。

「取るよ」と草たちに宿る自然界の精霊に一声かければ、痛みを感じないようにしてくれます。精霊によって、自然界は支えられていることを忘れないでください。また、雑草は堆肥にすれば、命を循環させることもできます。そんなふうに、次の使い道にも意識を向けてみましょう。

自分で人生を複雑にしていない？

生活空間は、潜在意識の反映です。
目の前の空間を浄化して、
人生にポジティブな流れを呼び込もう

生活空間をスッキリさせると、潜在意識は「自分の人生はシンプルでスッキリしている」と捉えるようになります。目に映る現象は自分が創り出しているものだからです。

たとえば、部屋の動線にモノが置いてあると、潜在意識は、目の前にいつも乗り越えるべき障害があるとみなし、人生に反映させます。つまり、トラブルや煩わしいことを知らず知らずのうちに、創ってしまっているかもしれないのです。

ポジティブなエネルギーを呼び込むためにも、床はスッキリ、何も置いていないくらいが理想です。また、ネガティブなエネルギーは重たく下のほうに溜まりやすいので、床の拭き掃除をすると波動はたちまち上がります。

運をよくするために頑張っていない？

執着のなさ、軽やかさが運をよくする最大のコツ

「運をよくする」ためには、常に明るく、プラス思考で、ポジティブでいなければ、となっていませんか。じつは、そこを頑張らないほうが、運はめきめきよくなります。「運がよくても悪くても、どっちでもいい」くらいの執着のなさ、軽やかさが運をよくする最大のコツなのです。

「運をよくしたい」と力んで、「明るくしなくちゃ」「ポジティブにならなきゃ」と自分で自分に強いるのは「眠り」の意識だと気づいていますか。そこが落とし穴で、せっかくよいことでも、あまりに強い思いを持っていると、逆に意識もエネルギーも固くなり、運は下がってしまいます。できるだけ肩の力を抜いて、柔軟に軽やかにいると、運の流れにスーッと乗って、結果、「運がよい」と思えることが起きるのです。

自分が望む最善のパラレルを選んでいる？

常に、
ニュートラルな意識を選んで、
二極化を超えていこう

僕たちは、「正・負」「善・悪」「男・女」「勝ち・負け」といった「二極化」を体験中ですが、今後は、「ネガティブを選べば、ポジティブなパラレルが、ポジティブを選べば、ネガティブなパラレルが、意識の場から消える」ことになります。

「目醒めの意識＝ニュートラルな意識」は、51％ポジティブ、49％ネガティブの位置にあり、若干ポジティブよりな意識です。つまり、あなたがポジティブを選べば、人生からネガティブな意識はどんどん消えて、ポジティブだけが残ります。言い換えれば、それが「目を醒ますか、眠り続けるか」の選択肢です。今は地球のサイクルの分岐点にあり、二極の意識がカオスのように混在していますが、あなたがどちらかを選ぶことで、二極化を超えていくタイミングなのです。

ハイヤーセルフと一体化

「不安」や「怖れ」を嫌なものと捉えていない？

不安や怖れは
「希望」に意識を向けて
対処しよう

僕たちの本質である「ハイヤーセルフ」は、今とてもワクワクしながら新しい地球という次のステージへの準備を行っている真っ最中です。

でも、ハイヤーセルフにとってワクワクすることでも、まだ眠りの意識が深いときには、一見アクシデント的なことが起こると、僕たちは「不安」や「怖れ」の意識で捉えてしまう傾向があり、立ち往生してしまう人も多く見受けられます。

問題と思うことが起こったら、「不安」や「怖れ」に意識を向けて「対処する」のではなく、「希望」に意識を向けて「対処する」ことです。それが最も確実な問題解決の方法であり、ハイヤーセルフとの繋がりを取り戻すことになります。

「本気で生きる」をモットーに、ワクワクで進んでいきましょう。

ネガティブな出来事を嫌っていない？

ネガティブな現実こそ、
宝物

僕たちは常に「自分が何を信じているか」を証明しながら生きています。それは深い意識レベルに刻まれた自分が気づいていない信念も含めてです。「気づけないなら、自分が何を信じているかわからない」と思うかもしれません。だからこそ、現実を見たときに感じる感覚が大切なのです。

ネガティブな現実は避けたいと思っているかもしれませんが、そんな現実こそ、じつは宝物です。つまり、あなたが、「二度と体験したくない！」と叫びたくなるような現実ほど、深く大きなネガティブな感情を捉えることができます。だからこそ、それを手放したときに大きなシフトが起こるのです。

まったく景色が変わらないと感じていても、あなたは波動の変化に応じたパラレルへと、確実に移行しています。

宇宙のルール

意識のパワフルさに気づいている？

周波数というフィルムを扱う
主導権は自分にある。
「怒り」を放てば、「怒り」の現実を、
「喜び」を放てば、
「喜び」の現実を映し出す

たとえば、「裏切られた」という体験をしたとします。それは、自分の深い意識レベルにある「人は裏切るもの」という信念が結晶化されたためです。そのとき、「怒り」や「悔しさ」を相手にぶつけたとしても何の解決にもならないどころか、「与えたものを受け取る」という宇宙の法則に従い、また同じような感覚を感じるシチュエーションを体験します。だからこそ、その波動を手放すことが大切なのです。

いつでも主導権は自分にあります。周波数というフィルムさえ変えれば、スクリーンに映し出される現実は嫌でも変わります。

日常を通して、心地よくない感覚を捉えるたびに手放せば波動が上がり、より豊かで幸せなパラレルへとシフトできるのです。

常識を手放す

世の中の固定観念にハマっていない?

自分の人生は、
自分の意識で決める

「若いっていいね」「もう年だからダメね」という考え方があります。この集合意識は根強く、多くの人たちがその考えに同意して、自分の可能性を狭めているようです。世代交代とか、バトンタッチという言葉がありますが、あなたが望むなら、自分らしく生涯現役も選べるのです。

僕たちは可能性の塊です。そこに年齢は関係ありません。自分の中に潜む可能性を引き出すには、条件でも状況でも周りでも誰でもなく自分の意識をどう変えていくか。さまざまな固定観念や社会常識を手放して、自分の意識を拡大させていく。

そういう人にあなたがまずなっていくことで、後に続く人たちが、「そういう生き方もできるんだ」と、生きることに希望を持つようになります。これは大きな社会貢献にもなるでしょう。

宇宙に意識をオープンにしている？

誕生日の数字は、宇宙からのゴーサイン！

宇宙に何かしらの質問を投げかけると、宇宙は必ず僕たちにサインを送ってくれます。それに気づけるかどうか。どんなサインがやってくるかにオープンになり、アンテナを張ることが大切です。

基本的に、ゾロ目は宇宙からのサインです。ネットなどで数が持つ意味を調べるのもいいのですが、それを見たときに、「わあ！」と気分が上がれば「イエス」。反対に、心がザワついたり気分が下がったりしたら「ノー」と、自分の感性を通してキャッチしたフィーリングを信頼することが大切です。また、宇宙が僕たちに「イエス」を伝える数字として、その人の誕生日の数字を送ってくることがあります。僕であれば、9月12日なので「912」をよく見るときは、「ゴーサインがきてるな」とわかるのですね。

我が家にも挨拶している?

万物には意識が宿っています。
感謝の意識を向けると、
その働きを高めて
あなたをサポートしてくれる

自分の身の周りにある物質にも、意識が宿っています。たとえば、あなたが暮らす家にも、家族に言うように「おはよう」の挨拶をしたり、「いつもありがとう」と感謝の意識を向けながら住むことで、住人が居心地よく過ごせるようにエネルギーが変化します。人が住まない家はどんどん傷んで劣化していきますね。そのように意識を向けられているか、いないかでエネルギーは変わるのです。

たとえば、トイレは、ネガティブなエネルギーを汚物とともにきれいに流してくれる場所です。「いつも汚れを引き受けてくれてありがとう」と感謝して神聖な意識を向けると、浄化力がより高まるなど、働きが高まるでしょう。

これは家のみならず、家具や洋服やスマホ、アクセサリーなどすべてのモノに言えることです。

外側の条件で「幸・不幸」を決めていない？

幸か、不幸か。
すべては自分の意識が決めている

自分が備える外的条件は、人生の幸、不幸に一切関係ありません。

その本質を知っていた人物の一人がヘレン・ケラーです。あるインタビューで、彼女は、「見えない、聞こえない、話せない」という三重苦を抱えていることに、「確かに不便ではありますが、不幸ではありません」と話していました。

一般的には、身体に不自由がある人を見ると、過酷な運命を背負わされて不幸だと思うかもしれません。でも、視点を変えれば、五体満足でいろいろなことが見えたり聞こえたりしてしまうぶん外に惑わされて真実が感じられないことのほうが、じつは不幸なことかもしれません。

自分が不幸だと思えば不幸だし、自分が幸せだと思えば幸せです。すべては自分の意識が決めているのです。

アップデート

肉体も「新しい地球」向けにシフトしている？

日々、
肉体のエレメンタルたちを意識し、
愛と感謝のエネルギーを送ろう

僕たちの肉体は、臓器や血流や神経系統などがさまざまに動いていますが、そこには目に見えないエレメンタル（精霊）が宿っていて、身体が健全に保たれるように調整してくれています。

じつは、時代の流れが激化する中で、エレメンタルと共同し肉体をアップデートしていくことは非常に大きな意味を持ちます。そのためには、エレメンタルに愛と感謝という宇宙の二大バイブレーションを向けることです。朝起きたら、自分の身体に「今日もよろしくね」と声をかけたり、夜は「今日もありがとう」と感謝して愛を送ると細胞が活性化して、日々の肉体の調整だけでなく、アセンションにふさわしい肉体条件にシフトするよう共同していけます。新しい地球を楽しむために肉体や意識もバージョンアップするのです。

本質を表す

目を醒ましたいのはなぜですか？

ネガティブを正当化する
在り方を一切やめる

目を醒ますか、醒まさないかは、ゼロか100。「99％、目を醒ましているからOK」ということはありません。ましてや、目を醒ますこと、つまり「統合」は、誰かに強要されて行うものではありません。

あなたが心から目醒めたいと思うなら、「人間なんだから、ネガティブになるのは仕方がない」とか、「ネガティブもときには必要」など、ネガティブを正当化する在り方を一切やめることです。そして、本質を覆っている何層ものネガティブな周波数を、気づくたびにたんたんと手放していきます。そうやって、「統合」を生き方にしていくのです。

すると、あなたという本質の光が溢れ出し、より高いレベルで生きる、アップグレードされた生き方に繋がっていきます。

統合のトラップ

あなたは自分の人生を生きている？

どんなに仲良しでも
「共依存」は他人軸の表れ。
自立した関係を選んで、
魂の声に一致した生き方に戻ろう

仲良しの夫婦、親子、きょうだい、友人関係でも、互いにもたれかかって成り立っている共依存の関係はアセンションの流れに向かう中では手放していく必要があります。

「この人の機嫌を取っておかないと出世できない」という怖れで偽りの自分を演じている場合と、「この人がいないと私の幸せが成り立たない」という依存心で相手との関係を築いている場合は、表面的には前者のほうが不健全で、後者は普通に見えるかもしれませんが、エネルギー的にはどちらも同じネガティブな関係になります。自分の中に依存や執着のエネルギーを見つけたら、「私たちは自立に向かう」と意図して手放すことで、揉めたりすることなく、二人の関係は自立したものに昇華するでしょう。それが本来の魂の声に一致した生き方に繋がります。

宇宙にまで意識を向けている？

世界を大きく感じるか、
小さく感じるかは、
自分の意識次第

自分の意識が拡大すると、周りは小さく見えてきます。それと同時に、これまで視界に入ってこなかったものが視界に入ってくるので、逆に世界の広大さを感じて、謙虚になります。それは、自分を小さく見積もって謙虚になるのとは違う生き方です。

僕自身、メンタル・アドバイザーという本来の魂の道を歩み始めてから、今まではできないと思っていたことができ、押し込めていたエネルギーが解放される体験をしました。

さらに視野が拡がると、自分が宇宙そのものだと気づき、自分に意識を向けるだけで、宇宙が視界に入ってくるようにもなりました。意識とエネルギーのすべてが自分に取り戻されたことで、肉眼では捉えられない世界が存在することもわかるようになるのです。

アップデート

あなたのクリエイティビティを刺激するものは何？

眠れるクリエイティビティを
活性化して、人生に調和をもたらそう

パラダイムシフトの大きな転換期を生きる僕たちは、自分のクリエイティビティを存分に発揮して、楽しみながら生きていくことが求められています。クリエイティビティという感性の豊かさは、絵を描くなど芸術的な才能だけに現れるのではありません。サイキックパワーとして現れることもあれば、ひらめきにより問題を解決するような能力も含まれます。つまり、クリエイティビティは、人生のあらゆる面において使えるもので、何が起きたとしても、それを通して、人生に調和をもたらし、スムーズさを創り出していくことができるのです。

クリエイティビティを活性化するには、子どもが無邪気に楽しむ感覚で、やりたいことにチャレンジしたり、自分に正直に、ありのままを表現していくことです。

丁寧に自分の内側に意識を向けている？

**「あのときのアレ」と、
後から思い出したネガティブな
周波数も手放すことで、
完全に終わらせる**

たとえば、おぼつかない運転の車を見て、「下手くそ」と呟いたり、人に言いたいことを言った後、「スッキリしたから、まあいいか」としていませんか？

気持ちを表現することや、言ってスッキリすることがいけないのではなく、そのようなネガティブなエネルギーをあなたが今まで溜め込んでいたことに気づいてください。

それを捉えて現実に映し出したのだから、統合して完全に終らせていく必要があります。

スッキリ感があると見逃しがちですが、ネガティブな周波数を使ったのなら、後からでも、「あのときのアレ（あの感情）」、と意図して手放しましょう。

周波数を丁寧に手放していくと、どんどん波動が上がり、新たな次元へのシフトが加速します。

寝具のお手入れを小まめにしている?

バイオレットフレイムで寝具を浄化してから休もう

睡眠中は、僕たちにその日一日の経験を通して付着したネガティブなエネルギーを浄化できる大切な時間です。

ただ、身体から染み出したネガティブなエネルギーはベッドリネンに吸着していきます。

寝る前に、ベッド全体を覆うようにバイオレットフレイムで包むイメージをして、寝具をクリアにしてから休んでみてください。

寝ている間に心身の浄化が進み、スッキリと起きられ、高次のエネルギーをより吸収できるようになるでしょう。

物理的にも、シーツや枕カバーは頻繁に洗濯し、清潔に保てるとよいでしょう。人生が重たく停滞感からなかなか抜け出せないようなときは、思い切って寝具を丸ごと一新するのもおすすめです。

地球と調和

地球と繋がる意識が希薄になっていない？

グラウンディングして
地球としっかり繋がれば、
自ずと宇宙とも繋がる

宇宙からサインを受け取る基本として、グラウンディングは欠かせません。グラウンディングができているからこそ、アンテナを高く立たせることができ、サインを受信できるのです。

しかし、地球をないがしろにして宇宙と繋がろうとする人が多く見受けられます。そもそも地球はちゃんと宇宙と繋がっていますから、今自分がいる地球に繋がれば、自ずと宇宙とも繋がるものです。宇宙との繋がりが希薄に感じるときは、基本に立ち返り、グラウンディングを強化しましょう。

①尾てい骨に光の球をイメージ。そこからコードが伸びて、地球の中心まで伸びていきます。

②地球の中心に、コードのプラグをガチッと繋ぎます。これだけでもエネルギー的に地球と自分が繋がります。

宇宙のメッセージに耳を傾けている？

自分らしく軽やかに
「今」を生きる人が増えるほど、
集合意識が変化し、
タイムラインが変わり、
世界が変わる

地球がアセンションすることを決めた今、その計画は宇宙規模で着々と進んでいます。あいにく、人類だけが、まだそれを完全には受け入れておらず、「眠り」の意識を使い続けている状態です。

そのような中、繰り返される大規模な自然災害は、何を意味するか。毎回、宇宙からの「ここで本気で変わることができますか?」という僕たちへのメッセージであると、僕は捉えています。

今、僕たちができることは、目を醒まして生きることに専念し、ネガティブな周波数をどんどん外していくと同時に、自分らしく軽やかに今を生きることです。

そういう人たちが増えれば増えるほど、集合意識が変化し、タイムラインが変わり、大難を小難にソフトランディングしながら、大きなパラダイムシフトを起こすことができるのです。

統合のトラップ

「新しい地球もどき」にチャンネルを合わせていない？

「まあいいか」。
諦めの周波数を手放して、
真の「新しい地球」に
意識を合わせよう

「新しい地球」への大転換期真っ只中の今は、さまざまな情報が乱立しています。それに振り回されて、一体何が真実なのかわからず、自分や自分の立ち位置を見失ってしまっている人もいるようです。それは、エゴに操られ、本当の自分の気持ちとは違うのに「まあいいか」と、一種の諦めの周波数を使っているときに起こりがちです。

その状態のまま進むと、自分の人生「こんなもんでしょう」という中途半端な現実になり続けます。それは、「新しい地球」のようだけれど、本物とは違う「新しい地球ふう」な〝エセの新しい地球〟に降り立ってしまうことを意味します。

今こそ、その在り方を手放して、しっかり「新しい地球」に意識のチャンネルを合わせ、「自分はそこに降り立つ」と意図することが大切です。

自分に都合のよい解釈をしていない?

高次の存在からのメッセージを敬意と感謝で受け取ろう

これから真に調和された「新しい地球」へと繋がっていく僕たちには、高次の存在たちが、今、最大限のサポートを与えてくれています。彼らにアドバイスを求めたら、すかさずメッセージを送ってくれるでしょう。しかし、それをキャッチするたびに、「これはメッセージじゃない」と疑ったり、「これは難しくてできない」と拒否ばかりしていたら、当然繋がることはできません。もし自分が彼らの立場だったら、「もう勝手にしてください」と言いたくなりませんか(笑)。

そういったベーシックな部分を大切にすることが、高次の存在に対する敬意と感謝の気持ちを示すことであり、仲良くする秘訣なのです。なおかつ、やってきたメッセージに対して肉体を持つ僕たちが物理次元で行動することが共同創造になります。

アップデート

ご先祖に意識を向けている？

感謝の波動を全身に巡らせて、
血液と細胞を活性化しよう

新しいステージに立とうとする今、ご先祖との繋がりを思い出すことが、じつはとても大切です。

僕たちは、連綿と続いているご先祖の流れを受け継いでいます。その流れにはポジティブなものも、ネガティブなものも両方あります。

ご先祖と言われても、せいぜい曽祖父の代くらいまでしかわからないかもしれませんが、「両親、おじいちゃんおばあちゃん、さらにその先のご先祖たち」と心の中で呼びかけて、心臓の真ん中に意識を向けながら、感謝します。あとはリラックスして深い呼吸をしばらく続けると、心臓の脈動に乗って、感謝の波動が血流とともに全身に運ばれます。これは血液の浄化になり、細胞をアップデートする方法でもあります。まっさらにクリアリングされ、新しいステージに立てるのです。

「有言実行」していますか？

成功、失敗に囚われず、
やりたいことをすると、
潜在意識と顕在意識が繋がる

僕たちが肉体を持っているのは、地球が「行動の惑星」だからです。なので、自分の中に「やってみようかな」と思う気持ちが芽生えたら、素直に行動することはとても大切です。でも、ついそれが成功するか、しないかということに意識を向けて、結果やらなかったりしませんか。

じつは、思ったことを行動に移さないと、自分の波動は弱くなり、潜在意識に葛藤のエネルギーを刻み込むことになります。すると、徐々に行動する力そのものが奪われてしまうのです。

一方、日々、未来を見据えながら、やってくるインスピレーションに行動を一致させていくと、潜在意識と顕在意識が繋がり、波動は上がるだけでなく、強くなります。

自分より人の気持ちに意識を向けていない？

「自分はこうありたい」。
常に自分に意識を向け続けよう

どうにもこうにも、八方塞がりの状態から抜けられないときには、「本当の自分の声に従っているか」「自分に正直になって、人生を生きているか」と、何度でも自分に問いかけてみることをおすすめします。

あなたは「自分はどうしたいか」「自分はどうありたいか」、常に自分に意識を向けていますか。何かを頼まれたとき、自分がやりたくないのなら、NOと言いましょう。相手の気持ちを優先してばかりいるから疲れてしまうのです。

何が正しくて、何が間違っているかではなく、「新しい地球」は統合された惑星なので、「自分の本質に一致している」かが大切なのです。つまり、自身のハイヤーセルフに一致し、その意識をベースに人生を生きることです。

常識を手放す

「金運は変えられない」と思い込んでない？

「誰もが、生まれながらに
豊かで幸せに生きる権利がある」。
この意識を根付かせて、
「豊かさ」の土台を創ろう

お金持ちの家に生まれた人を、「生まれつき金運がよくてうらやましい」と言うことがありますが、それは単なる思い込みに過ぎません。

誰もが、生まれながらに豊かで幸せに生きる権利を持っています。この意識こそが豊かさの土台となります。あなたは、それをしっかりと持っていますか。その意識があるからこそ、永続的に豊かで幸せでいられる位置に立つことができます。

これは、何人にも侵されることのない権利です。そこに特別な才能も必要ないですし、特別な家柄である必要もないのです。

それなのに、あなたが豊かで幸せではないならば、何かが違ってしまっているのかもしれません。豊かさを阻むブロックがあるなら手放し、在り方を整える必要があるでしょう。

統合のトラップ

まだ現実のドラマを楽しみたい？

自分に信頼を向けると、
現実はポジティブに拡大していく

ニュートラルな意識とは、感情を持たず、無味乾燥になることではありません。

ニュートラルになると、感情がアップダウンし、現実に一喜一憂する内なる戦いが終わりを告げ、穏やかさ、静けさ、満たされている幸福な感覚が普通になります。これが、「真の調和」です。

たとえば、会社が倒産したとき「ああ困った！　家族が路頭に迷うことになる」と思うか、「新しい扉を開くときがやってきた！」と自分に信頼を向けるのかでは現実は大きく変わってきます。

意識は「向けたほう」に拡大する性質がありますから、「困った！」と思えば思うほど、頭を抱えるような現実が拡大していく罠にハマってしまうのです。その罠に気づけるか、今僕たちは試されていると言えるでしょう。

宇宙との交信は特別なことだと思っていない？

宇宙にどんどん話しかけて、「宇宙と繋がる生き方」を日常にしよう

日頃から、宇宙とのコミュニケーションを楽しんでみてください。たとえば、ふらっと散歩している途中、一度深呼吸してから、宇宙に対して、「私が次に行くといい場所はどこですか？」と質問します。

ぱっと目を見開いてぐるっと周りを見渡すと、前を横切った二人組が「ミュージカル」の話で盛り上がっていました。上演中の「ミュージカル」を調べてみると、すごく惹かれる作品があって行ってみたとします。そこで、その後の人生を変えるような重要な人との出会いがあったりするのです。

今いる自分の環境を使って送ってくれる宇宙からのサインをキャッチできるようになると、「宇宙と繋がる生き方」になり、人生を発展形へと導く流れに乗ることができるでしょう。

自分の内側に意識を向けている？

「自分は創造主である」という意識を持とう

外に向けていた「意識」を100%自分の内側に向けた瞬間、周囲のすべては消えてしまいます。

そして自分の宇宙意識と繋がり、そこからすべての人の意識と繋がり、他者との分離感が消え、「あの人、この人」という区別をする意識がなくなり、外の世界から影響を受けなくなり、自分の意識次第で現実はどうにでもなることがよくわかってきます。それが目醒めていく人の意識の在り方です。

こういう意識を持つ人と、宇宙は本当の意味で共同創造します。なぜなら、「自分の意識で現実をクリエイトできる」。

つまり、「自分は創造主だ」という意識は、宇宙と一致するからです。そのとき、「自分が動くと、宇宙が動く」という共同創造が起こるのです。

本質を表す

結局、人のことばかり気にしていない？

人と比べたり、
人に合わせたりする意識を手放して、
自分に１００％集中して生きよう

自分の本質を表していく上で大切なのは、人と比べないことです。本質は、唯一無二のオリジナリティそのもの。人と比較していたら、いつまでも本質を表して生きるなんてできません。

これまでは、自分よりも「相手の気持ちを大切にする」時代でした。しかし、これからは、「ありのままの自分を優先する」時代です。あなたが今、人生に息苦しさを感じているとしたら、本質を表しておらず、無意識のうちに人と比較したり、人の目を必要以上に気にしている結果、自分の中に「ゆがみ」が生じているからかもしれません。

その解決方法は、人のことはほうっておくこと。「自分に100%集中！」「外向きの意識を手放す！」ということです。自分のこともままならないのに人のことを気にしている場合ではないのです。

支配から抜け出そうとしていない?

「ただ、出来事が起きているだけ」。
ありのままを認め、
受け入れる在り方を徹底する

「目醒め」を正当なものだと捉えて、それ以外を悪にする。それは、ジャッジを強く握りしめたままの状態です。たとえば、「輪廻のシステムは、支配する側が僕たちを管理するために創った」と聞いたとき、「それはひどい！　早く支配から抜け出さねば」と、支配や管理に「ひどい」という感想を持つ意識が眠りなのです。もしジャッジを手放しているとしたら、「支配はただの支配」であり、「私は騙されていた被害者」という感情は抱きません。

目醒めのプロセスでは、「ひどい」「騙されている」「目醒めなきゃいけない」などと捉えること自体を手放していきましょう。事実から目を背けるのではなく、「自立」を都合よく解釈するのでもなく、ありのままを受け止め、それをジャッジせず、ただ受け入れる在り方へとシフトするのが目醒めです。

「自分はどうありたいか」いつも意識してる？

ネガティブな現実に遭遇したら、「私は何に気づき、何を学び、何を変える必要があるか」を意識しよう

僕たちが「ネガティブだ」と感じる現実は、自分のネガティブな周波数によって映し出したものにすぎません。そこに突っ込んでしまうと、もっとその現実を色濃くしてしまいます。つまり、ネガティブな現実にますます入り込み、周波数をさらに下げることで、意識や認識力を萎縮させてしまうのです。すると、本来キャッチできるはずのハイヤーセルフからのサインも捉えられなくなります。

「ひどい」と思うことがあったときこそすぐに、「私は何に気づき、何を学び、何を変える必要があるのか」、そう意識することが、流れを変えていくアクションになると同時に、自分の本質であるハイヤーセルフとの繋がりを取り戻すきっかけになるのです。

まだ外の世界に「期待」しているの？

「ワクワクでいっぱいの
タイムラインを選ぶ」と決めれば、
退屈する暇なんて一瞬もない

これといって大きな不満があるわけではないけれど、「代わり映えしない毎日で退屈」と思ったりすることはありませんか。

この場合の「退屈」は、視点を変えると、「何かいいことないかなあ」と外の世界に「期待」しています。じつは、「期待」は、他人軸を象徴する感覚と言えるほど重たい波動です。

いつも言うように、「これ（自分の波動）でそれ（現実）」なのですね。「本当の自分」を見失い、「期待」という周波数を使って、「退屈」を現実に映し出してどっぷり浸かっているのです。まず、期待を手放して、他人軸を自分軸に戻しましょう。そして「ワクワクでいっぱいのタイムラインを選ぶ」と決めます。瞬間瞬間、充実した自分を選べば退屈する暇なんてありません！

波動を強くする

目標がすぐ叶う流れに乗っていますか？

波動が高く、そして強くなると、
具現化がスピードアップし、
人生が最適化する

波動を強くするために大切なことは、「自分と一致した行動」をとることです。自分の本質に素直に耳を傾け、それに一致した行動をとることで、波動は高く、そして強くなっていきます。

波動が高いだけでは、現実を動かすには時間がかかります。

波動が強くなれば、現実を動かすまでの時間が限りなく短くなります。なぜなら、波動が強いと、現実への影響力が強くなるからです。

自分との一致感が増して、たとえば、「これをやる」と一度目標を決めると、あっという間にできるようになります。つまり、あなたは、願わずとも望む状況をすぐさま体験する最適化の状態に入るのです。それは「最高の人生のストーリー」の扉を開くことを意味します。

常識を手放す

ピンチをみんなのチャンスにしてみない?

**自分の中の
「常識」という観念を疑って、
クリエイティビティを
引き出す鍵にしよう**

いつも仕事の締め切りを守らずあなたを困らせる人がいるとします。そのとき、「締め切りを守るのは社会人の常識でしょ」と思う自分がいたら、「それって本当に常識？」と自分を疑ってみてください。多くの人は、自分の中の常識を盾にして「自分は正しい、相手は間違っている」と裁いています。その分離した在り方を手放しましょう。

なおかつ「どうしたらこのプロジェクトは円滑に進むかな」「ルーズな人にどう動いてもらえばいいかな」と、創意工夫をすれば、自分や相手のクリエイティビティを引き出すこともできます。「常識」という観念は、自分の中にある分離の周波数を現実に映し出し、困難さを生み出しますが、それを統合やクリエイティビティに使って、成長に繋げていくこともできるのです。

統合のトラップ

あなたのエゴとハイヤーセルフは共同している？

エゴの声とハイヤーセルフの声を聞き分けて、しっくりくるほうを選択しよう

すでにおなかいっぱいなのに、大好物が出てきたら、「ああ、食べたいな」と思ったりしますね。でも「もうおなかいっぱい」と感じているなら、それがハイヤーセルフからの声です。その声をキャッチしているにもかかわらず、「やっぱり食べちゃおう」というのがエゴの声なのです。それに従って食べ過ぎてしまうから、太り過ぎたり、病気を引き起こしたりと、食生活を悔やむ結果を招くことになります。

これはエゴの声とハイヤーセルフの声を聞き分けることができていないため、エゴのミスリードに引っかかっている状態とも言えます。ハイヤーセルフの声こそがあなたにとっての本当の幸せに繋がっていきます。それを見破ると一気に統合は加速して意識が変わります。

本質を表す

あなたの波動はキラキラ輝いている？

本質を表すと、
波動が光のように輝き出し、
高次元の存在の目に留まる

高次元の存在はすべてを波動でキャッチしています。自分の本質を表し、自分に100%集中して生きている人は、彼らからすると、波動がキラキラ輝いて見えます。僕たちの本質は光そのものですから、その輝きを彼らは捉えて繋がるのです。

しかし、本質を表すことなく生きている人は、本質とズレているので、波動は低く、輝くこともありません。つまり、「本質を表していない」ということは、「本当の自分を生きていない」ということであり、意識は眠り続けています。でも、「本当の自分を生きないなら、どうして生まれてきたのですか?」という話なのです。

それだけではなく、宇宙との繋がりも限りなく希薄になって、波動は弱まるばかりとなります。それほど、「本質を表す」ことは重要なのです。

今「ある」ものに意識を向けている？

僕たちの意識は、焦点を当てたものを拡大する

夢を楽々と叶えている人と、すごい努力をしているように見えるのに、なかなか叶わない人がいるのに気づいていますか？　そこには、「満たされた意識」か「不足の意識」か、という意識のベースの違いがあります。

満たされた意識は、夢を想像し、日々を楽しみながら、自然に行動し、その過程にワクワクしているうちに、いつの間にか夢が叶って、その現実を謳歌しています。反対に、不足の意識は、常に足りないものに目を向けていますから、「なぜできないんだろう」という不足に意識が向いて、さらに手に入らないとイライラしたり、落ち込んだりします。僕たちの意識は、焦点を当てたものを拡大するのが基本的な性質です。夢が叶った状態に意識を向けることは、具現化への近道なのです。

常識を手放す

被害者意識を使っていない?

嫌なことが起きたときは、
反対に「ラッキー」と言ってみよう

エゴは基本的に被害者意識で物事を捉える特性があります。「こうされた」「ああされた」と自分が被害を受けている態で、反応するのです。でも、それを続けている限り、エゴ優位の在り方から抜け出すことはできません。

一般的にネガティブと感じるような出来事を体験したら、今までだったら、「何てひどい」と思っていたところに、「何て素晴らしいことが起きたんだろう」と、反対のことを言ってみてください。すると、今までのエゴの在り方に亀裂が入ります。これまでの外側の現象に一喜一憂して生きるシステムが崩れ始めるのです。

結果、何が起きてもむやみに反応せず、自分の内側の感情を大事に扱えるようになります。自分の気持ち次第で現実は変わることが徐々にわかるでしょう。

おわりに

宇宙史上、稀に見る大転換期の今、時代の流れには、誰も逆らうことはできません。それは、新たな価値観や習慣を、自分軸を通して受け入れることを意味し、変化に対する柔軟性を必要とします。

世の中で、さまざまな情報や意見が飛び交う中、それらを、決して鵜呑みにすることなく、自分の内なる感覚を頼りに取捨選択する、つまり、自分軸としっかり一致して生きることが、本当に重要な局面を迎えているのです。

今、僕たちは、宇宙のサイクル的に、本質に還る流れに乗っていますから、自分軸からズレているのは、ある意味、普通のことです。なので、ズレていることに逐一ガッカリしたりせず、軌道修正して自分軸に戻ればいいだけです。つまり、ネガティブな周波数を手放すことや、「源―ハイヤーセルフ―自分」という光の柱に戻るワークなど、その時々で自分がしっくりくる方法で統合する。そのシンプルさで、あなたの人生はもっと彩り豊かになって、拡大、発展していきますし、魂レベルの望みがどんどん形になっていきます。

本書においても、僕は、前2作と同様に、書き上げた原稿を胸に抱き、「あなたがスムーズに宇宙意識へ還り、本領を発揮して生きる」と意図して、シャッフルしました。

宇宙と繋がる、宇宙のサインを受け取る、宇宙を視野に入れて生活するなど、宇宙からのコーリング、呼びかけに応じている人は、高い次元にアクセスすることにOKを出している人たちです。

統合を続ける中で、徐々に感情の揺れ幅が少なくなり、ズレても以前よりずっと早く自分軸に戻ることができるようになった自分を感じている人も多いのではないでしょうか。それは激しく素晴らしい進歩です。自分がブレずに存在できているからこそ、宇宙からの呼びかけ、コーリングを受け取ることができるのですから。

地球の長い歴史において、先人たち、たとえば、イエスやブッダは、苦しみや困難さを体験しながらアセンション、「覚醒」や「悟り」を成し遂げました。しかし、今を生きる僕たちは、そのような体験をせずとも、「手放し」、つまり簡単さやシンプルさを通して次元上昇ができるタイミングにいます。これは、後にも先にもない、恵まれた環境でしょう。それは、アセンションを決めた地球とそこに住まう生命すべてが宇宙から祝福され、全面的にサポートされているからこその恩寵です。

今、宇宙が騒がしいほど活性化し、僕たちをサポートしてくれているのは、地球と僕たち人類の目醒めが、全宇宙のアセンションに大きな影響を与えるからです。

この瞬間も、宇宙から待ったなしのエネルギーがあなたに注がれています。その進化のエネルギーを生かして、創造主としての自分を思い出し、あなたバージョンの天国を創り出していきましょう。

あなたに宇宙からたくさんの祝福が降り注ぎますように。

並木良和

（巻頭カラーページの撮影）
◎並木良和
◎並木健二／「源とのつながりを憶い出す」

ブックデザイン……bookwall
イラスト……宇田川一美
校正……あかえんぴつ
DTP……荒木香樹
スペシャルサンクス……オフィス並木
編集協力……林 美穂
編集……清水静子（KADOKAWA）

並木 良和（なみき よしかず）

「本当の自分」に一致して生きるための「統合（LDLA）」を伝え、本来の人間が持っている能力や生き方、そして「目醒めた状態で人生を謳歌する在り方」を、自らの体験を通して国内外を問わず世界中に教示している。現在は、人種、宗教、男女の垣根を超えて「目醒め」の招待状を届ける活動とともに、高次の叡智に繋がり宇宙の真理や本質である「愛と調和」を広めるニューリーダーとして活動。即日満席となる講義やワークショップ、セミナー、スクールの開催を活発に行う。抜群のわかりやすさと、その「人間性」から大勢の人を魅了し、師事を熱望する人が多方面に亘る。

著書に『新しい人間関係のルール』（PHP研究所）、『マンガ　並木良和の目醒め』（サンマーク出版）、『新しい地球の歩き方』（フォレスト出版）など多数あり、いずれもベストセラーに。『次元上昇する魔法の言葉111』は発売前重版、『次元上昇する魔法の習慣111』、『次元上昇する魔法の手帳2024』は増刷するほど大人気に（いずれもKADOKAWA）。また、2021年、2022年、2023年と3年連続で12月冬至に両国国技館や有明アリーナにて単独イベントを行い、5,000人のチケットは完売。オンラインでも世界各国から5,000名超の方々が観覧するほどの人気である。

次元上昇《じげんじょうしょう》する「魔法《まほう》の意識《いしき》」の使《つか》い方《かた》111

2024年3月20日　初版発行
2024年9月 5 日　3 版発行

著者　並木良和《なみきよしかず》
発行者　山下直久
発行　株式会社KADOKAWA
〒102-8177　東京都千代田区富士見2-13-3
電話0570-002-301（ナビダイヤル）
印刷所　大日本印刷株式会社
製本所　大日本印刷株式会社

●お問い合わせ
https://www.kadokawa.co.jp/（「お問い合わせ」へお進みください）
※内容によっては、お答えできない場合があります。※サポートは日本国内のみとさせていただきます。
※Japanese text only
定価はカバーに表示してあります。

ISBN978-4-04-606706-7　C0095